ROMPE EL INTERNET CON TUS VIDEOS.

Una aventura... ¡de locura!

El papel utilizado para la impresión de este libro ha sido fabricado a partir de madera
procedente de bosques y plantaciones gestionadas con los más altos estándares ambientales,
garantizando una explotación de los recursos sostenible con el medio ambiente y beneficiosa para las personas.

RoTrex: rompe el internet con tus videos
Una aventura... ¡de locura!
Primera edición: marzo, 2023

penguinlibros.com

Diseño y maquetación: VIBO CREANDO

ISBN: 978-607-382-765-2

Impreso en México – *Printed in Mexico*

A mi papá, porque nunca dudó de mi talento

A mi mamá, pues entre abrazos siempre me recordó mis metas

A mi hermana mayor, la primera que me apoyó en mis inicios

A mi hermana menor, quien más me ha apoyado y formado parte de mi sueño

A TheSlayer360 y Cesarinpro 502, quienes, a su manera, fueron una inspiración para mí en YouTube

A Max, que con sus conocimientos siempre me guio

#RoTrex #epicpartner #codigorotr3xyt

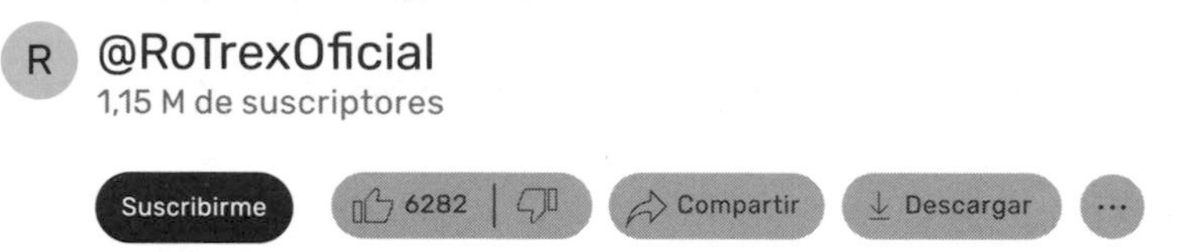

LME @La Marmota Espacial

"¡Es buenísimo! Me siento identificado con la aventura. Resuelves dudas e incógnitas que siempre tuve sobre los YouTubers antes de convertirme en uno".

1240 Responder

R @RoMax

"Entender el monstruo que es YouTube es algo que muy poca gente logra, qué bueno que alguien tan dedicado y alegre haya encontrado la manera de pasar los hacks para gente que no lleva mucho tiempo por acá".

955 Responder

P @Philip

"Padrino", eres una de las personas con más actitud y ganas de aprender que he conocido en el medio y este libro refleja todo eso y más, en unas cuantas horas de lectura. ¡Felicidades, amigo!, te deseo mucho éxito en este nuevo y ambicioso proyecto".

1000 Responder

H @Hiper

"En aspecto, Rotrex es un renacuajo, pero no dejes que su apariencia te engañe. De todos los creadores que conozco hay pocos con tanta experiencia y conocimiento sobre cómo funciona YouTube. En este libro se nota lo profesional que es, y detalla muy bien el trabajo que hay detrás de cada vídeo. Aunque hay algo que no me ha gustado, y es que no incluye tutorial para conseguir ese pelazo".

1570 Responder

TS @TheSlayer360

Mi buen amigo Rodrigo (RoTrex) en esta obra nos da un vistazo con curiosidad, emoción, inteligencia y sabiduría de su propia experiencia en el camino al éxito en YouTube, así como los diferentes retos a los que se enfrenta día con día, ofreciéndonos una guía práctica de cómo solucionarlos con propuestas funcionales, mientras lo hace de una manera sencilla de entender y con su reconocible estilo divertido".

Este libro se adapta a la perfección a esta nueva sociedad tecnológica a la que nos enfrentamos, en donde a través de la reflexión, trabajo duro y aprendizaje nos lleva de la mano en esta aventura llamada "CÓMO SER UN CRACK EN YOUTUBE"

1290 Responder

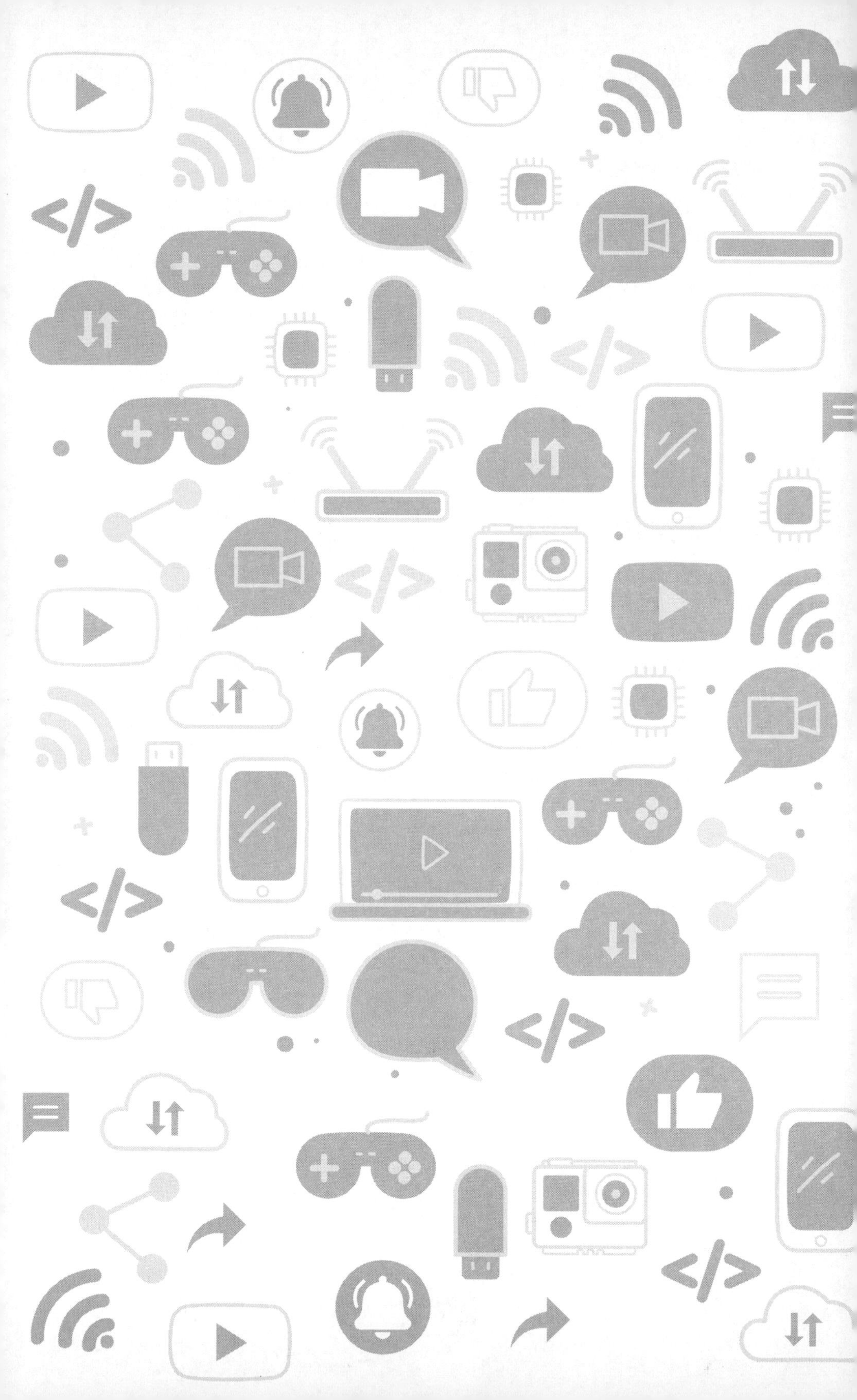

¡Comencemos!

Qué ondaaa amigos ¿cómo están?
Sean bienvenidos a un nuevo video en mi canal, ¡genteee! Les recuerdo que si les gustan mis videos pueden dejar un poderoso like y suscribirse, con la campanita activada; de esta forma, no se perderán ningún video. Además, si son nuevos en el canal, les aseguro que les va a encantar.
¡Comencemos...!

Escanéame

Hola, soy RoTrex, y así es como doy la bienvenida al inicio de cada uno de mis videos para los más de un millón de suscriptores con los que cuento en mi canal. Claro que llegar hasta aquí no fue ni rápido ni fácil, pues cuando comencé en el mundo del internet tenía apenas trece años, cero suscriptores y ni idea de cómo hacer las cosas. En ese entonces, simplemente hacía videos por diversión, por querer compartir algo de mi día a día y mis videojuegos favoritos. Esto no significa que ahora no lo haga por diversión, aunque ya hablaremos de eso más adelante.

Actualmente tengo veinte años y llevo aproximadamente siete como creador de contenido en YouTube, lo cual significa que a esta actividad le he dedicado una cantidad inmensa de horas. ¡Cuando comencé a escribir y descubrí que ya llevaba tantos años, ni yo podía creerlo, pues se me han pasado volando!

La intención de este libro es que puedas conocer y entender muy rápido el camino para ser creador de contenido *online*. Te compartiré muchos de los secretos que la mayoría de tus *youtubers* favoritos guardan celosamente para que, si realmente deseas dedicarte a esta actividad, comiences en la plataforma con ventaja sobre tu competencia, y con mejores estrategias y habilidades para que tu canal crezca y se consolide.

Ser youtuber es una actividad fascinante y desafiante, y no está exenta de sorpresas, desilusiones y retos, particularmente cuando realizas videos que no obtienen los resultados que esperabas, o bien cuando enfrentas las críticas de familiares, amigos, conocidos ¡y hasta de desconocidos! O cuando, por ejemplo, has invertido interminables horas editando tus videos con toda la ilusión del mundo solo para descubrir que, al cabo de varios meses, éstos se quedaron solamente con cuarenta reproducciones y tu canal apenas subió en dos personas el conteo, de treinta y cinco a treinta y siete suscriptores. Esto fue algo que me ocurrió realmente; sin embargo, si te mantienes firme y constante, los resultados llegarán cuando menos te lo esperes. ¡Créeme que vale la pena intentarlo!

En cierto sentido, ser *youtuber* no es diferente a dedicarse a una actividad profesional, como ser maestro o doctor (no estoy diciendo que sea fácil ser doctor, ¿eh?, ja, ja), pero lo que desde el principio quiero aclararte es que obtener resultados en esta plataforma no es producto de la buena suerte. Claro que existen los eventos afortunados, como algunos que me ocurrieron (ya te contaré más adelante), sin embargo, eso son: momentos de buena fortuna; pero la buena suerte no te ayudará por sí misma a conseguir muchísimos suscriptores ni a mantenerte redituable en la plataforma con el paso de los años.

Es muy común que mis seguidores, mis *cracks*, cuando están sentados en clase de Matemáticas o de Historia en sus escuelas comiencen a aburrirse y pensar: "Yo para qué quiero saber matemáticas, si puedo dedicarme a YouTube y ganar millones, además de ser famoso podría ligarme a muchas chicas". Seguramente imaginan que ser *youtuber* requiere solamente subir algún video haciendo un reto entre amigos, o grabar diez minutos al día haciendo el tonto.

Ok, supongamos que subes tus tres videos reglamentarios a la semana: uno de un reto de quién hace más eliminaciones en Fortnite, otro de quién gana una partida sin disparar y otro de quién puede comer más canela sin toser (aunque no lo creas, el primer video de mi canal ¡fue uno así!). Y después ¿qué harás? Lo que te va a pasar es que seguramente se te acabarán las ideas y tu canal quedará abandonado con esos pocos videos, como sucede a tantos canales en YouTube.

Te aseguro que dedicarse a la plataforma es una actividad que consume mucho, muchísimo tiempo, y que continuamente requiere generar nuevas ideas de contenido, no solamente para permanecer atractivo en el gusto de los suscriptores, sino para atraer más audiencia, ya que sin audiencia no hay crecimiento, *crack*.

Ahora mismo estarás muy contento y con toda la ilusión de empezar a crear contenido para convertir tu canal en algo importante. Me da mucho gusto que estés emocionado leyendo estas líneas, aunque

déjame contarte el otro lado de la moneda, uno que estoy seguro no conoces. Si por tu mente realmente está atravesando la idea de ser un *youtuber*, quisiera presentarte las ventajas y las desventajas de esta actividad para que tengas más información con la cual decidir tu futuro. Comencemos con las buenas noticias, porque creo que es lo que quieres saber.

Ventajas de ser Youtuber

Ingresos

Poder pagar con tu propio dinero algunos gustos desde corta edad, es de lo mejor que puedes lograr en tu adolescencia o juventud. Siempre llegará un momento en el que tus padres ya no querrán darte dinero para salir o simplemente quieras darte algunos lujos. Por esto, en mi experiencia puedo decirte que he realizado muchas adquisiciones que nunca hubiera podido comprarme sin haber trabajado en YouTube. Gracias a ustedes, mis seguidores.

Con el dinero que comencé a generar podía comprarme ropa cuando la necesitaba. También quería un celular nuevo, y después de pensar y analizar si realmente lo necesitaba logré comprarme el más nuevo del mercado. Pude invertir en mi *setup* con equipos más profesionales. Invitar a mi mamá a cenar e ir con mi hermana a una sala de cine VIP. Y cuando salía en una cita con una chica, no me preocupaba tanto el momento de pagar la cuenta.

Hoy día, a mis veinte años, tengo mi propio automóvil, una casa que me paga una renta, unas cuantas inversiones y este libro tan chido que estás leyendo. Si quieres conocer las cifras exactas de lo que genero mes a mes, sigue leyendo, porque te lo explicaré más adelante.

Popularidad

Es verdad, de pronto te vuelves una persona conocida. La gente te ubica y las puertas se te abren sin necesidad de esforzarte mucho por agradarles. Las marcas te contactan y te regalan sus artículos; de pronto ya no tienes que preocuparte por adquirir ropa o mejoras para tu *setup*; da la impresión de que todo mundo quiere quedar bien contigo.

Habilidades y productividad

Como todo el tiempo tienes algo que hacer, ya sea grabar, editar o simplemente pensar en una nueva idea a desarrollar, ahora tienes muy poco tiempo para el ocio. A la par, desarrollas mucha fluidez para comunicarte ante los demás. Si al principio eras una persona tímida o penosa, con el paso del tiempo dejas de serlo (o al menos logras disimularlo, ja, ja). Aprendes a llevarte con todo tipo de gente, aunque no sea de tu misma edad, género, lengua o cultura.

Amistades

Actualmente cuento con amigos que están en otras localidades de mi país, México. Tengo muchísimos contactos que he conseguido al momento de colaborar con otros *youtubers*, y grandes amistades que nunca pensé tener (no mencionaré nombres, porque ustedes saben quiénes son, *cracks*). A veces siento que los lazos que he creado a través de la plataforma llegan a ser más relevantes que amistades que conocí en la escuela u otros lugares, y esto no tiene nada de malo, aunque hace unos años mi mamá me recomendaba que no les hablara a extraños de internet.

Sin embargo, ahora hablemos de algunas desventajas. Considero que hay más ventajas que desventajas, aunque conviene mencionarlas.

Desventajas de ser Youtuber

Estrés

Cuando un video que publicaste no supera las expectativas sobre el número de visitas que imaginaste que iba a tener comienzas a estresarte. Te quedas pensando todo el día en eso, lo cual puede llegar a afectarte emocional y mentalmente. A veces el estrés puede causarte insomnio e irritabilidad. Mi familia puede confirmar esto.

Falsas amistades

Habrá mucha gente que solo querrá juntarse contigo por tu fama y tu dinero, así que tienes que estar al pendiente de distinguirla. Con el tiempo obtendrás experiencia para detectar a ese tipo de personas.

No hay descanso

Si todavía estás estudiando, tus días estarán superocupados. Muchas veces querrás acostarte a ver una película o salir con tus amigos, pero seguramente no podrás hacerlo porque crear contenido para una comunidad es muy demandante, sobre todo al inicio, ya que todos los innumerables detalles de lo que se refiere a la grabación, diseño, edición o publicación los haces tú mismo: tendrás que sacrificarlo todo por crecer en la plataforma.

La falta de privacidad

La gente piensa que tiene derecho a meterse en todos los aspectos de tu vida, incluso cuando nada tienen que ver con el canal. Cuando ya eres “famoso” (o reconocido) tienes que cuidar muy bien lo que dices

o haces públicamente, ya que llegas a mucha gente y un mal paso puede costarte caro; ¡ahora eres un ejemplo y tienes una responsabilidad importante con tus seguidores! Para ser sincero, ¡una cagada grande basta para despedirte de tu canal! Como el tío Ben le dijo a nuestro amigable vecino Spider-Man: "Un gran poder conlleva una gran responsabilidad".

Lidiar con haters

Esta podría ser a una subcategoría del punto anterior, y es cuando la gente te escribe comentarios muy desagradables. Desde "Dedícate a otra cosa" hasta "Ojalá que te mueras", ja, ja, ja. Al principio, si tu autoestima es débil, la verdad sí te pegan este tipo de comentarios y pueden llegar a desanimarte, pues podrías pensar que no estás haciendo bien las cosas; sin embargo, gradualmente eres capaz de ignorarlos y tu autoestima resulta fortalecida. ¡Un saludo especial a esa gente!

Más adelante te explicaré cómo manejar tanto a los *haters* como las críticas, para que no te bajen el ánimo.

Qué es y cómo funciona YouTube

Si quieres sacar el mejor provecho de la plataforma, primero necesitas entender qué es y cómo funciona.

YouTube es una plataforma que permite a usuarios de todo el mundo subir y compartir entretenimiento libremente por medio de contenido audiovisual *online*. Hay infinidad de tipos de videos y de creadores, que van desde los que prueban videojuegos hasta los que producen documentales; podemos ver ahí videos de arquitectura, sobre películas, comedia, históricos, de automovilismo o viajes espaciales. A cada uno de estos canales, YouTube le da una gran libertad de expresión, aunque siempre hay que seguir unas cuantas reglas para no infringir derechos de autor o incumplir normas de la plataforma, lo cual podría generar desde una amonestación hasta el cierre de tu proyecto.

En otro capítulo te compartiré muchos *tips* y secretos para hacer crecer tu canal, pero mi recomendación es que tu contenido siempre sea fresco, dinámico y, sobre todo, *original*. Tu canal debe ser una extensión de ti, de tu personalidad: tu estilo, tus emociones, tus gustos y aficiones; es decir, debes ser tú mismo o tú misma por dos razones: primero, porque ser *youtuber* es una carrera de resistencia, así que es mejor que te sientas bien contigo mismo o contigo misma cuando sales frente a cámara. Esto es muy importante porque, al ser *youtuber*, cada uno de nosotros interpreta a un personaje. Esto puede sorprenderte un poco, pero así es: somos nosotros mismos, aunque con un toque más dinámico, animado y divertido; es decir, yo no voy por la calle gritando "Que ondaaa, amigooos" todo el rato.

¡QUE ONDA AMIGOOS!

Y segundo: porque las audiencias (tus suscriptores) se identifican con alguien original, no con una copia o un farsante. Claro que en tu contenido puedes hacer la mezcla de todos tus canales favoritos y con ello encontrar tu propio camino (de hecho, todavía lo intento), pero no hagas un "copy paste" de las propuestas de otros creadores de contenido. Créeme, la gente se dará cuenta, y puedes poner en riesgo tu credibilidad. Así que no copies a nadie, aunque se trate de tu *youtuber* favorito.

Cada uno de nosotros comienza su canal con los recursos personales y técnicos que tiene a la mano, ya que, si esperáramos por cosas profesionales, es decir, la mejor cámara, la mejor computadora o el mejor micrófono, lo más seguro es que nunca comenzaríamos. Así que mi recomendación es que inicies con lo que ya cuentes, y después irás descubriendo qué equipo va mejor contigo, lo cual te explicaré más adelante.

El impacto de YouTube

YouTube es la segunda página más visitada del mundo, únicamente después de Google (a la cual pertenece desde 2006). Está disponible en más de cien países y en más de ochenta idiomas, lo cual no es de extrañar, considerando que hay más de mil millones de usuarios activos en la plataforma cada mes; eso equivale a ¡un tercio de todos los usuarios del internet! Estos datos nos dan una idea de a cuántas personas se puede llegar por este medio de comunicación. YouTube está dentro de las redes sociales más usadas por adolescentes que suben contenido o que lo consumen.

Este crecimiento se ha debido a que, todavía hace

algunos años, las marcas comerciales e innumerables negocios se anunciaban solamente a través de medios convencionales, tales como la radio, la prensa escrita (periódicos y revistas) y la televisión; sin embargo, gradualmente comenzaron a darse cuenta del enorme potencial de promoción que YouTube presentaba, y por eso las marcas ahora prefieren promocionar sus ideas, productos o servicios en esta plataforma, y cada vez menos en los medios tradicionales. Así obtienen mejores resultados, por dos motivos: el primero es porque, la neta, ya casi nadie ve la televisión abierta; y segundo, porque diversos estudios, a través de las métricas, han comprobado que los espectadores se sienten más atraídos por adquirir un nuevo producto o servicio si éstos son promocionados por alguien que *conocen* y a quien le tienen "confianza". Este es el caso de un *youtuber* al que sus audiencias siguen a diario y quien mantiene con constancia un canal al cual están suscritos. Podemos ver aquí una relación "ganar-ganar", en la cual uno crea contenido en la plataforma, y esta comienza a pagarte por ser parte de sus creadores originales.

Cómo comencé esta aventura de locura

Quisiera platicarte un poco acerca de mis inicios en la plataforma, porque puede ser que no me conozcas y hayas llegado a este libro por curiosidad en el tema.

Como a muchos *cracks,* también a mí me gustaban los videojuegos: ¡desde que tenía seis años! Mis preferidos siempre fueron los de acción, combates y estrategia. Recuerdo que esta aventura comenzó en la tarde de un cálido verano. Yo tenía trece años y disfrutaba de una limonada bajo el sol, caminando de la mano de mi bella novia... ja, ja, ja, ¡qué novia ni qué nada! En realidad, simplemente estaba recostado tomando el sol cuando di mis primeros pasos en YouTube; en esos momentos, apenas había creado mi canal y la idea me entusiasmaba mucho. Mi ídolo en ese entonces era el legendario Fernanfloo, y quería ser cómo él.

Recuerdo que pasaba mucho tiempo con un amigo a quien también le encantaban los videojuegos y las bromas y, si pudiera ubicar cuándo comenzó esto de ser *youtuber,* diría que fue quizá cuando ambos nos animamos a intentar algo nuevo.

Esa noche habíamos organizado, sin mucho éxito, una pijamada: estábamos aburridos, como en caída libre de la diversión, hasta que pensamos: "Si Fernan puede hacerlo, ¿por qué nosotros no?". Y así grabamos mi primer video; de hecho, lo encuentras en YouTube literalmente con el nombre "MI PRIMER VIDEO". Si estás leyendo esto, amigo Capitán Troll, ¡eres un grande!

Para ser bien honesto, yo no tenía ningún sofisticado equipo de grabación, ni micrófono, ni conocimientos acerca de cómo crear o editar un video.

Más adelante te platicaré con todo detalle acerca de los pocos recursos técnicos y de equipo con los que comencé y cómo tuvieron que pasar un par de años para poder hacerme de una computadora propia. No era la mejor, incluso ya la iban a tirar, pero era lo único que tenía a la mano. Debido a la lentitud del equipo, la edición que realizaba de mis videos podía tardarse muchas horas y eso hacía que permaneciera en mi habitación grabando, editando, comentando, compartiendo y jugando... Claro, yo lo veía normal, aunque mis padres y familiares se preocupaban un poco y expresaban en las reuniones: "Este niño se la vive en el cuarto" (aunque lo que deben saber es que todavía me la vivo en mi cuarto, ja, ja, ja).

Y era cierto, me la pasaba encerrado, mientras que otros amigos de la secundaria, aparte de los videojuegos, iban a jugar fútbol, a la plaza, al cine o a reuniones con sus novias. Y repito que algo que me frustraba mucho y que hizo que en esos momentos casi "tirara la toalla" era no disponer del equipo adecuado, pues mi computadora a veces me estropeaba todo el trabajo que tantas horas me había tomado realizar.

Reitero que a lo largo del tiempo que le he dedicado a YouTube he escuchado que muchos quisieran ser *youtubers*, pero pocos están dispuestos a dedicar todas las horas que exige esta actividad, y no me refiero solamente a la creación de los videos, sino a todo el aprendizaje que se necesita. Por ejemplo, para aprender a manejar un programa de edición de video se requiere mucho tiempo y concentración.

Lo mismo ocurre con la sincronización del sonido. Todo esto tuve que aprenderlo a través de tutoriales, pues no tenía ni un peso para poder pagarle a un editor o a un diseñador que lo hiciera por mí o mínimo me orientara un poco... También descubrí el tremendo impacto que una miniatura tiene a la hora de publicar un video (con "miniatura" me refiero a la imagen que ves primero antes de dar clic a un video). Las miniaturas son hechas por los profesionales del diseño gráfico, y yo no lo era. ¡Tuve que aprender a hacer las mejores miniaturas dentro de mis capacidades, y eso me tomó innumerables horas!

También sé que la mayoría se sienten muy atraídos por la cuestión de las ganancias que YouTube podría generarles, aunque en principio esto no será así. De hecho, desde los trece años hasta los dieciséis ¡no gané un solo peso! Perseveré solo por gusto, y con pasión, por eso mi familia en ciertos momentos pensaba que estaba dedicándome a algo que únicamente me hacía perder el tiempo, pues permanecía encerrado tantas horas sin *ganar* nada, mientras que podría estar conviviendo con otras personas o disfrutando de otras actividades. ¡Creo que en esos momentos sí daba algo de *cringe* verme! Así que mi consejo es que NUNCA lo hagas únicamente por dinero.

Cabe mencionar que una de las condiciones que mis padres me impusieron para permitirme realizar esta actividad era no descuidar mis estudios. No es por presumir (la neta sí xd), pero siempre fui un buen estudiante. Sacaba buenas calificaciones, me llevaba bien con mis maestros y no me metía en problemas, bueno... casi nunca, ¿ok?, ja, ja, ja. En esos momentos estaba en secundaria, así que trataba de organizarme muy bien para aprobar

mis exámenes de Historia, de Matemáticas, Física y Química, y así poder dedicar TODO el tiempo restante a YouTube. Más adelante, cuando me encontraba a mitad de la preparatoria, todas las actividades escolares presenciales se detuvieron debido a la pandemia por covid-19, y fue entonces cuando todo mi trabajo como *youtuber* valió aún más la pena, puesto que mis videos, tanto los editados como las emisiones en vivo (los "directos") comenzaron a ser vistos por un nuevo público que ahora permanecía todo el tiempo en casa. ¡Yo estaba feliz, aunque también se me vino un mundo de trabajo encima! Fue tanta la sobrecarga de actividad que tuve que hablar con mis padres para explicarles la situación. De hecho, esto coincidió con un contrato que una marca comercial, para la cual ya había creado contenido, me ofreciera hacer ahora transmisiones en vivo, con exclusividad de contrato. Mis padres accedieron a que me cambiara a otra prepa que no pedía tantos requisitos, pero debía comprometerme a seguir estudiando hasta finalizarla (y así fue). Y también debía demostrar que el contrato con esa empresa valía realmente la pena; en otras palabras, que representara buen dinero.

Actualmente me encuentro en un año sabático; es decir, podría estar ya cursando la universidad, pero hablé con mis padres para tener un año de prórroga antes de empezar. Esto me ha dado más tiempo libre, el cual he enfocado en su totalidad a la plataforma y me ha permitido tomar un poco de perspectiva, para redefinir qué es lo que realmente quiero ahora en la vida, y dónde proyecto estar en diez años (el RoTrex del futuro ya está estudiando la universidad en la Anáhuac: Dirección de Empresas de Entretenimiento).

Esta pausa para pensar es realmente valiosa y he comprobado (sobre todo en la experiencia de otras personas) que, si no se hace, uno podría quizá terminar en un lugar donde no quería ir a parar. En otras palabras, estoy consciente de que mi paso por YouTube no durará para siempre; quizá en un futuro sea un profesionista sensual, inteligente y adinerado, je, je, quien tal vez solo en sus ratos libres jugará videojuegos. O bien, mis actividades profesionales me requieran mucho viajar, y entonces ya no tendré el mismo tiempo disponible para sentarme a grabar, editar y publicar videos en la plataforma; quizá cambie la temática de mi canal actual. El tiempo lo dirá.

En un viaje muy especial que hice con mi hermana mayor, Fernanda, recuerdo una vez estar con ella esperando el tren. Finalmente llegó y nos subimos. Cuando ya estábamos arriba, el convoy comenzó a avanzar y vi a una persona intentando alcanzarnos, pero ya no pudo, pues ya era muy tarde. Y de la misma manera veo mi paso por la plataforma: vino un tren muy rápido que aproveché para subirme y, obviamente, ya tenía "mi boleto comprado", que fueron todos aquellos años de preparación que tuve en silencio dentro de mi cuarto. Reitero que las oportunidades en las plataformas tienen una duración determinada, no son eternas, y siempre hay que recordar que crecer no es lo más complicado, sino mantenerse.

7:30 / 45:00

Por ello he llegado a la conclusión de que ser *youtuber* es una actividad increíble y muy bien pagada, pero *no es una profesión*. Una profesión es algo que se consigue

con estudio académico, y además te otorga un título determinante para toda tu vida, ya sea de médico, de arquitecto o profesor. Por lo que mi recomendación a todos mis *cracks* que están incursionando en esta actividad es que por ningún motivo abandonen la escuela, ya que siempre necesitarán el respaldo de un título que avale su competencia profesional. Sé que existen *youtubers* muy relevantes (como TheGrefg), quienes sí abandonaron la escuela para dedicarse a esto, ¡y vaya que les funcionó! Pero son muy pocos, y yo admito que además necesito bastante la parte social en mi vida.

Esto es muy importante, pues sé de *youtubers* a quienes en su momento les iba muy bien económicamente y después, como cuando una ola desciende, de la nada y sin previo aviso, sus videos comenzaron a tener menos vistas. Incontables veces eso también me ha ocurrido a mí en este trayecto. Al decir esto quiero expresar que muchos creadores de contenido, que en su momento fueron muy famosos, ahora ya no lo son. Así que mis recomendaciones son, primero, no abandonar la escuela y, segundo, cuidar los ingresos que se estén generando. Una buena inversión de tu sueldo como *youtuber* puede hasta pagar propiedades que te aseguren un futuro tranquilo, la cual considero la mejor inversión que puede hacerse. A la fecha, yo mismo no me considero un *youtuber* profesional, para mí es un hobby muy bien pagado.

Como te platiqué, *crack,* desde que era pequeño los videojuegos me encantaban y sabía que era muy bueno en eso. Fue al crecer que, como todos los niños de mi edad, me encantó ver algunos videos para entretenerme; la mayoría eran de bromas, videojuegos y música. Sin embargo, una cosa era grabar el video y la otra era dejarlo listo para subirlo. Yo no tenía ni la más remota idea de cómo hacerlo, pero el asunto me apasionaba y pasaba muchas horas en mi cuarto ideando cómo podía hacerlo ya que, repito, no tenía ni los conocimientos ni las habilidades.

Los primeros meses fueron de inmersión total: horas y horas de familiarizarme con la plataforma y de aprender a editar. Como tal, yo no sabía cómo se usaba un programa de edición de videos, o cómo funcionaban las licencias de la música que podía usarse, ni tampoco tenía suscriptores. Comencé con dos o tres, y mi obsesión era conformar una audiencia, por lo que siempre les rogaba a mis familiares, amigos y conocidos que compartieran mis videos. A la distancia puedo ver que mi obsesión generaba algo de risas y comentarios tales como: "Déjalo, está jugando" o "Está chiquito". Y también recuerdo que se burlaban de mí en la escuela cuando se enteraban de que hacía videos para YouTube. Esto es algo normal, que no te desanime, que ya te platicaré cómo incluso las críticas te pueden fortalecer.

Finalmente, luego de muchísima promoción y esfuerzos, llegué a los primeros cien suscriptores, ¡después de un año de arduo esfuerzo! Recuerdo que incluso subí un video especial para celebrar esa meta.

Todo lo que sé lo aprendí en tutoriales... que veía en YouTube, ja, ja. A través de muchas horas aprendí desde cómo crear una cuenta de Gmail hasta cómo diseñar un logo para mi canal. Y durante todo ese tiempo jugaba. Tenía tiempo de sobra y lo dedicaba íntegramente a la plataforma. La verdad es que no socializaba mucho, y me convertí un poco en un "niño rata". Así es, *cracks,* RoTrex también tuvo su etapa de niño rata, ja, ja.

En realidad, en mi etapa de adolescencia, nunca di tantos problemas, ni en casa ni en la escuela, aunque recuerdo que, en una ocasión, cuando tenía catorce años, en compañía de mi amigo Capitán Troll, hicimos un video bailando, haciendo caras extrañas y riéndonos. Tengo que reconocer que estaba muy *sexy* nuestro baile, ja, ja, y poco a poco se corrió el rumor de lo "provocativo" de nuestros movimientos, que hasta a la dirección fuimos a dar. La directora mandó llamar a mis papás para advertirles que en dicha institución estaban prohibidos ese tipo de escándalos y, aunque casi me expulsan, todo quedó en tres semanas de suspensión... Ahí conocí los primeros efectos de ser

"tendencia", de volverse "*trending*", ja, ja, (pero ahora que lo pienso fue una exageración por parte de la escuela).

En aquellos años, otro de mis ídolos era Theslayer360. Me gustaban mucho sus videos, él era *el crack de los cracks*. De hecho, él ya realizaba eventos para sus seguidores y fui a verlo en un par de ocasiones. En el canal tengo un par de videos de hace cuatro años, donde expongo mi aventura de ir a conocerlo. En ese momento, yo contaba con aproximadamente quinientos suscriptores y recuerdo que, en una ocasión, mi papá me dijo que realizara una tarjeta de presentación o tarjeta de negocios de mi canal, en la cual aparecieran tanto mi nombre artístico, como mis datos. ¡Te quiero mucho, pa!

Esta idea fue muy valiosa, porque lo que vino a continuación ayudó a catapultar mi proyecto. Creo que mi papá confiaba en que lo que yo estaba haciendo tenía algo de futuro; por otra parte, mi mamá no estaba tan convencida: ella se preocupaba un poco porque yo ya estaba por cumplir quince años y todo el tiempo me la pasaba encerrado.

El día del evento le entregué mi tarjeta a mi *youtuber* favorito, TheSlayer360. A él le impresionó el gesto y charlamos brevemente. Un poco más adelante, por azares del destino, en una partida de Halo Reach, que era el videojuego principal de mi canal por aquel entonces, ¡me lo encontré en la misma partida!, aunque nunca imaginé que él estuviera grabando. En ese momento, él me recordó viendo mi nombre y le expresó a su comunidad que me había conocido en el evento y les recomendó a todos que visitaran mi canal, ¡hasta dejó mis datos en la descripción de su video!

Lo que ocurrió a continuación fue increíble: con esa sola mención mi canal pasó de quinientos ¡a mil quinientos suscriptores!, en un abrir y cerrar de ojos.

Fue como si me adelantaran dos años de trabajo. Y a partir de ese momento me prometí que iba a organizarme mejor y que tomaría más en serio algunos aspectos para lograr sobresalir en mi canal. ¡Slayer, no sabes cuánto me ayudaste!

Por eso, *cracks,* les recomiendo que siempre se rodeen de gente chida, que los impulse y que procuren buscar apoyo y alianzas para hacer colaboraciones con otros creadores de contenido donde mutuamente se ayuden a crecer.

Recuerden que es muy importante no abandonar en los momentos difíciles, pues reitero que ser *youtuber* es una actividad muy solitaria. Entiendo que ante los demás se vea como una actividad muy social, sobre todo en los directos, sin embargo, esta representa una minúscula fracción de tiempo en comparación con la enorme cantidad de trabajo que conlleva preparar todo. ¡Y ni qué decir de la edición del video! Quienes alguna vez hayan editado algo saben cómo se escapa el tiempo al realizar esa actividad. No importa si te levantas a editar casi con el amanecer, siempre ves cómo llega la tarde o la noche y no has terminado.

Eso es duro. Más cuando mis amigos me enviaban mensajes de cuánto se divertían en su tiempo libre, mientras yo ya no quería estar solo editando en mi cuarto. Quería salir al mundo y ver lo que estaba ocurriendo.

Llegados a este punto quisiera confesar algo que no he mencionado antes, y que muy pocos realmente saben. Mi nombre artístico hasta ese momento no era "RoTrex", sino que me conocían con un nombre diferente, ja, ja; y puedo admitir que, en ese momento, aunque ya tenía tres mil suscriptores, había pensado seriamente dejar YouTube. Sin embargo, después de analizarlo mucho, tomé la decisión de hacer un cambio completo de mi canal antes de abandonar. Con esta transformación radical me refiero al logo, al contenido, al estilo de las miniaturas y los colores que me caracterizaban, y, lo más importante, adquirir un nuevo nombre, pero eso viene más adelante.

Tan solo un mes después de estos hechos, en 2018, Epic Games realizó el lanzamiento de Fortnite Battle Royale, e inmediatamente el juego llamó mi atención. De alguna manera inexplicable, rápidamente hice química con el juego y me volví muy pro. Fui de los primeros creadores latinoamericanos en subir contenido de este juego, aunque a pesar de esto mis videos tenían, acaso, doscientas o quinientas visitas como máximo.

Sin embargo, continué con la intención de seguir creando contenido de Fortnite. Los primeros videos no funcionaron mucho, pero recuerdo que el sexto o séptimo se volvió viral, y alcanzó las cien mil reproducciones aproximadamente, y así conseguí rebasar los cinco mil suscriptores.

Esto fue una gran motivación para mí, puesto que por fin sentía que mi trabajo estaba rindiendo frutos. En realidad, no ganaba todavía ni un peso de la plataforma, aunque es difícil explicar la emoción que sentía al ver que cada día se incrementaban mis suscriptores.

Continué realizando mis videos, con la ilusión de que alguno se hiciera viral nuevamente, lo cual ocurrió un poco más adelante, para mi buena suerte. En ese momento, la cifra de seguidores rozaba los diez mil y todavía no se consolidaba del todo. Mi sueño era conseguirlo. Recuerdo que estuve toda la noche esperando a que el número pasara de nueve mil novecientos noventa y nueve a diez mil, grabando con mi celular el momento exacto. Finalmente, se consiguió rebasar el número de suscriptores, y muy alegre y emocionado me fui a dormir a las 9 de la mañana. Sí, pude haberme despertado esa mañana a las ocho de la mañana y haber descansado bien, ja, ja, pero la adrenalina que sentía no me dejó hacerlo.

Mi motivación para continuar creando contenido se fue por las nubes, y siento que hubo dos factores muy afortunados que contribuyeron a que mi canal creciera. El primero fue que Fortnite comenzó a ser del gusto de muchísimos jugadores y, segundo, que fui de los primeros en subir contenido de este juego. Ahí estaba yo, alimentando sin descanso a internet con mis videos de Fortnite.

En este periodo tuve dos muy buenas ideas para darle un gran impulso al canal y llegar a los diez mil suscriptores. Un día, llegando de la escuela, se me ocurrió la gran idea de comenzar una serie llamada "La triste historia de un Noob", la cual se hizo superviral y alcanzó el millón de visitas en tan solo unos cuantos días, por lo cual le tengo mucho amor y aprecio a esa serie, porque me impulsó mucho en la plataforma.

La segunda buena idea, y a la que más cariño le tengo en toda la historia de mi canal, fue comenzar a hacer videos con Arantza, mi hermana menor. Me atrevo a decir que sin ella mi canal no sería el mismo. Ella hizo que mucha gente se suscribiera para vernos hacer locuras jugando al Fortnite. ¡Te quiero mucho, Zaza!

Ambas ideas hicieron que mi canal consiguiera los cien mil seguidores y recuerdo muy bien que, para ese entonces, ya estaba ganando lo mismo que un profesionista. Entonces mis padres se dieron cuenta de que yo no estaba tan loco como alguna vez creyeron y que esto iba en serio, ja, ja.

Fortnite estaba en su MEJOR momento y no había contenido del juego en YouTube que no explotara en visitas. Era impresionante ver cómo múltiples canales crecían de la noche a la mañana gracias a esto. Realmente disfruté mucho esa época y puedo recordar que por esas fechas mi canal alcanzó el medio millón de suscriptores. Simplemente era algo que no entendía, aunque estaba completamente agradecido.

Sin embargo, a pesar de que subía dos videos por semana y al canal le estaba yendo bien, la verdad ya estaba cansado. Reitero que mucha de la actividad en la plataforma se realiza en soledad y mi rutina se volvió en: grabar, editar y subir, grabar, editar y subir, grabar, editar y subir... lo cual ya para entonces se me hacía algo tedioso, y a veces me dominaba la flojera. Esto porque la escuela y el canal ocupaban todo mi tiempo sin darle espacio a nada más. Eso comenzaba a notarse en mis videos; de hecho, tuve una racha en la cual me atasqué en los setecientos mil suscriptores. Simplemente ya no crecía más, a pesar de todos mis esfuerzos. Más adelante platicaré que una de las razones por las cuales "me estanqué" fue porque YouTube alteró su algoritmo y había dejado de recomendar mis videos. No digo que no tuviera yo parte de la culpa, pero también seguía aprendiendo y eso me llegó de sorpresa.

Pero los tiempos cambiaron y de un momento a otro, sin haberme rendido, en 2020 mi canal "explotó", pues alcanzó el millón de suscriptores. Entonces a todos mis videos comenzó a irles bien, gracias al contenido nuevo y divertido que ideé, de manera que redoblé esfuerzos para subir más videos.

Presented to
RoTrex
For passing 1,000,000 subscribers
YOUTUBE

Como te comenté, su consolidación coincidió con la pandemia, lo cual hizo que muchos de mis *cracks* estuvieran estudiando desde casa, y en su tiempo libre, que era muy abundante, buscaban videos para mejorar sus habilidades en el juego y entretenerse.

En ese momento recibí mi placa por un millón de suscriptores. Recuerdo ese momento como uno de los mejores días de mi vida. Y cabe mencionar que todo esto lo conseguí sin descuidar mis estudios, ya que estaba terminando la preparatoria. Fue justamente en esta etapa cuando comencé a hacer mis primeros *streams* (transmisiones) oficiales, muy bien pagados en la plataforma de Nimo TV. ¡El canal estaba que explotabaaa!

Al subir al millón entré en una etapa en la que Fortnite ya no era tan viral, su audiencia se asentó, y entonces comencé un proceso de adaptación para ver qué funcionaba, qué atraía a las audiencias; un proceso, en realidad, para "sobrevivir". No fue algo que únicamente a mí me ocurriera, sino a muchos otros creadores, por lo que procuré pensar en soluciones para mejorar el canal y, una de ellas fue incluir nuevamente el famoso 2.0 en los videos. Vaya, para quien "viva debajo de una piedra", 2.0 es cuando añades tu cara —con tus reacciones— en un recuadro dentro del video. Además, busqué el apoyo de un editor para mis videos, ya que en ese tiempo aún hacía yo todo el trabajo.

A la fecha, se continúa ganando bien, vale la pena permanecer, pero la vida sigue su curso y debo seguir en la universidad. No estoy diciendo en lo absoluto que dejaré de subir videos y ni siquiera que bajaré el ritmo de publicación en el canal. A lo que me refiero es que durante toda mi etapa como *youtuber* he tenido

altas y bajas, y quiero estar preparado por si llega una baja de la cual ya no pueda recuperarme, aunque ojalá ese momento nunca llegue. Y precisamente esa es la intención de este libro: compartir mi experiencia para que, si has pensado en ser *youtuber*, siempre estés listo para aprovechar las oportunidades, pero con cautela.

Lo que he aprendido

Si en este momento pudiera compartir algo de mi experiencia a todos aquellos que quieren dedicarse a YouTube y ser creadores de contenido, les diría lo siguiente:

1. Si quieres ser youtuber, debes serlo por una razón más poderosa que el dinero

Esto ya lo he mencionado y es muy importante, créeme. Puede ser la emoción de jugar tu videojuego u otra motivación, pero debes saber que el dinero no llega inmediatamente. En mi caso, durante tres años grabé, edité e hice videos sin ver ni un solo peso de recompensa. Si eres de los que dicen: "Voy a hacer la prueba tres meses y si no deja dinero, me voy", permíteme decirte que en esos tres meses es muy remota la posibilidad de que veas ganancia alguna. Y, si la ves, así como llegó se irá.

Por cierto, más adelante te explicaré cuáles son los requisitos que YouTube pide para monetizar.

2. Invierte

Si producto de tu constancia, entrega y entusiasmo tu canal es apto para monetizar y comienzas a recibir

dinero por tu actividad, entonces te recomiendo que inviertas en aquello que te convierta en alguien más profesional: una mejor computadora o un mejor micrófono o cámara. Estos equipos te resultarán útiles en sí mismos, así que no hay pérdida en su adquisición. Por ejemplo, una buena computadora puede serte útil más adelante, en tus estudios o actividad profesional dentro del medio. Conozco bastantes editores que se compraron su computadora con la intención de crear contenido y al final disfrutaron más editar para otros creadores. No te recomiendo que despilfarres en artículos que no necesitas, pues hay periodos en que se gana más y lapsos en los que no, así que ¡no te acostumbres a gastar! Claro que tampoco "me las voy a dar de santo", porque sí me he dado mis lujitos ¡yeah! Solamente te aconsejo que gastes siendo consciente de que es un "lujo" y no un "gasto".

3. Por ningún motivo abandones tus estudios

Sé que puede resultar muy tentador comenzar a recibir dinero, sobre todo porque, comparado con un trabajo o empleo que requiere gran esfuerzo físico, ser *youtuber* no lo requiere tanto (bueno, siempre y cuando tus videos sean de *gaming,* y no de cómo escalar montañas o correr maratones, ja, ja). Sin embargo, las redes sociales, incluido YouTube, están sometidos a la novedad del momento y eso hace que el tiempo de duración de la carrera del *youtuber* sea relativamente corta. Por ejemplo, si eres médico, ya lo eres por siempre y tu profesión no perderá su validez. Pero si eres *youtuber* del juego de moda, serás tan vigente como lo sea el juego al que le dediques tu tiempo. Cuando pase la moda y alguien mencione ese videojuego que subías en tu canal, la mayoría dirá: "Yo lo veía hace muchos años", aunque recién acabes de cumplir 18 años, ja, ja. Intenta mantenerte en la plataforma el mayor tiempo que puedas y NUNCA te confíes.

4. Disfruta y diviértete

Dedícate a crear contenido sin compararte con la competencia, sin estar atento a los resultados de los demás. Créeme, te puedes amargar. Procura que tu contenido sea original y haz lo mejor que puedas, pero no te estreses demasiado, ya que eso se reflejará en tu actitud ante la cámara y los micrófonos. Y deja que YouTube te sorprenda: a veces uno sube un video increíble y le va supermal, y otro que ni te imaginabas logra viralizarse. Así que mejor diviértete y disfrútalo. Tengo amigos *youtubers* que tras publicar un video ya están analizando si en el minuto uno retuvo más o menos audiencia que el anterior. Con esa actitud, a los quince minutos estarán estresados, y a los treinta se encontrarán por completo desmotivados todo el día si el número de vistas no superó sus expectativas. ¡NO CAIGAS EN ESTA TRAMPA!

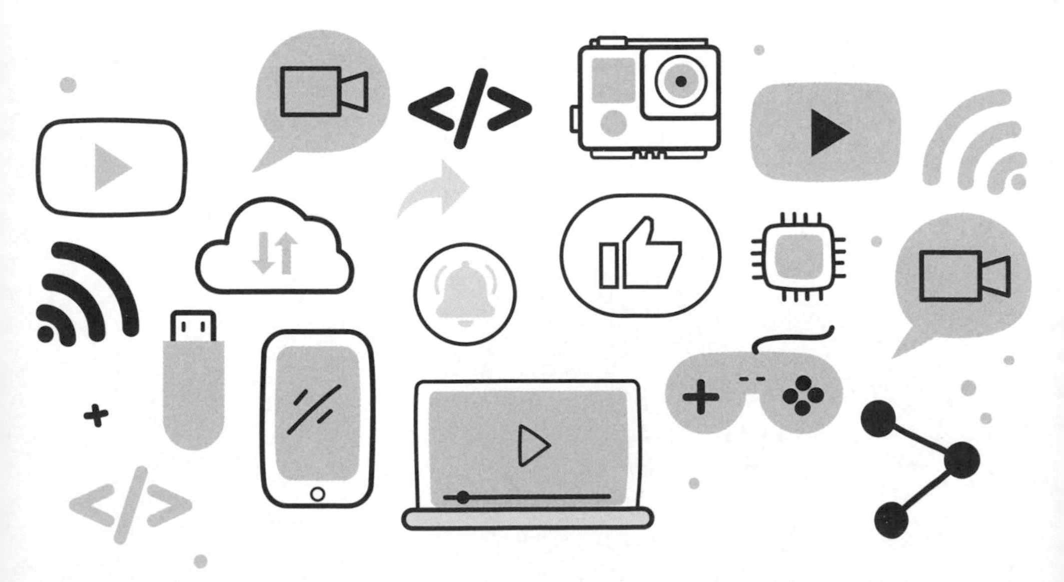

10 SECRETOS QUE SON ORO MOLIDO PARA DAR TURBO A TU CANAL

En la música hay una expresión conocida como "*one hit wonder*", la cual significa que un artista consiguió el éxito en una sola canción, la cual se colocó durante semanas en el gusto masivo de las personas, pero que el resto de su carrera resultó poco atractivo para la mayoría; la verdad yo no conocía ese término hasta que mi papá me lo platicó, ja, ja. Hay artistas para quienes ese solo éxito les permitió ser conocidos a nivel mundial y obtener ciertas ganancias, pero un éxito momentáneo pronto desaparece si no existe una base que lo soporte.

Eso mismo ocurre en YouTube —y en otras plataformas de redes sociales—, pero ahora se les conoce como "videos virales". Ya sean producciones musicales, de comedia o noticiosas, éstas consiguen un gran impacto que las hace muy populares. Uno podría pensar que eso sería lo más conveniente para nuestro canal, para que despegue como un cohete hacia las estrellas; sin embargo, las probabilidades de que un video se "haga viral" son muy pocas, y nadie puede conseguir que un video se haga viral de manera artificial.

Lo ideal es que nuestro crecimiento en YouTube sea "orgánico", lo cual quiere decir que sea producto de personas que realmente disfruten del contenido, y sean fieles como suscriptores, de esa manera compartiéndolo a sus amigos.

A continuación, te compartiré diez secretos que considero oro molido para que tu canal crezca en suscriptores y tus videos aumenten sus vistas. Esto lo he descubierto a través de los años por medio de la prueba y el ensayo, lo que me lleva a afirmar que crecer en YouTube no es cuestión de suerte. Bueno, a veces un poquito, y ya verás por qué. Comencemos:

1. Ser consistente

Si deseas convertirte en *youtuber* con una trayectoria sólida es preferible que tengas una base consistente, ya que eso te permitirá monetizar tu contenido y formar alianzas con personas o empresas que desean publicitar sus productos o servicios a través de tu canal, puesto que les has mostrado el valor de la consistencia y la seguridad. Ninguna empresa invertiría su dinero en un canal que puede cerrar de la noche a la mañana.

Al comienzo, lo ideal es que subas, como mínimo, dos videos a la semana y, si puedes más, mejor. En mi caso intento subir tres videos cada semana, o hasta cuatro si me es posible. Si lo haces, el algoritmo y tus suscriptores detectarán que estás activo y presente.

Algo muy importante es comprender que los tiempos en YouTube son muy peculiares y que los visitantes buscan la novedad o, mejor dicho, el "trending". El trending es la "tendencia" que origina una idea. Por ejemplo, supongamos que se avecina el estreno de una película muy esperada, entonces debes estar muy atento y tener contenido en previsión porque sabes que eso se convertirá en el tema del cual se hablará, en el cual mucha gente estará interesada. Supongamos que se trata de una película de superhéroes, entonces tus videos deberán ser sobre la película en sí, pero también acerca de todo lo que se relaciona con los personajes principales, los secundarios, los cambios de última hora, los secretos del rodaje y, si es posible, hasta las primeras reacciones de los fans el día del estreno. Si puedes subir todo eso, tienes mis respetos, ja, ja.

Ocurre exactamente lo mismo si se trata de un videojuego: qué novedades tiene la próxima

actualización y cuándo será la fecha de lanzamiento. El día del estreno habrá que centrarse en las particularidades de la nueva versión, las primeras impresiones de los usuarios, ofrecer *tips* para los jugadores. En todo esto debes "ponerte las pilas" para no dejar escapar el *trending,* pues los primeros que se suban a esta ola llegarán más lejos. También debes estar atento a los intereses de los suscriptores y centrar tu contenido en eso. Repito, no dejes escapar la tendencia esperando tres o cuatro días después de, por ejemplo, el estreno de la película, porque para entonces la novedad se habrá diluido. ¡Ponte las pilas!

2. Lograr la retención de la audiencia

Es importante conseguir que tus visitantes permanezcan la mayor cantidad posible de tiempo en tus videos. Lo ideal es que los vean completos.

Para que tus contenidos puedan monetizarse, debes considerar que tus videos requieren durar, mínimo ocho minutos y la monetización será más elevada si consigues que tus visitantes permanezcan en tu video la mitad o más de lo que este dure. Por ejemplo, si tu grabación dura ocho minutos, tu audiencia debe permanecer al menos cuatro minutos viéndote y, si se prolonga por doce minutos, el público debe verte al menos seis. Entre más permanezcan, mucho mejor.

YouTube te proporciona ciertas estadísticas o métricas que, video a video, te muestran hasta qué minuto permanecieron tus visitantes. Esa información es muy valiosa y vale la pena consultarla frecuentemente. Por ejemplo, puedes revisar el gráfico que YouTube te ofrece y observar tu video. Supongamos que la mayoría de los visitantes abandonaron en el minuto tres, entonces debes revisar qué ocurre en el video para saber cuál fue la causa. Quizá estabas dando una explicación que no se entendió o el contenido ya era lento y aburrido. No todo debe ser perfecto en un video, pero ten en cuenta que mientras más retengas a tu audiencia, mejores serán tus resultados. En el mismo sentido, si tus videos duran diez minutos, y la gente únicamente permaneció treinta segundos, esto puede ser indicador de que algo anda mal... muy mal.

3. Escuchar a tu audiencia

Debes seguir haciendo lo que a tus suscriptores les gusta, y estar muy atento para detectar cuál contenido fue de su mayor interés; por ejemplo, si reaccionaron positivamente a un video, entonces puedes analizar cuáles fueron los factores que hicieron eso posible: tal vez les impactó la frase que empleaste al inicio, una nueva entrada del video muy prolongada, la secuencia que utilizaste para presentar el contenido, la música o hasta los colores a los cuales recurriste.

Si a tu video le fue mal, si no tuvo los resultados que esperabas, no cometas el error de borrarlo, sino que enfócate en que tu siguiente contenido sea diferente; tal vez requiera más dinamismo, una edición más divertida e incluso un cambio en la forma en que te presentas. Más adelante te platicaré algunas cosas que tuve que cambiar en mi canal para conseguir mejores resultados entre la audiencia.

4. Motívalos para que se queden hasta el final

Es muy importante que, desde el principio, crees expectación en tus visitantes para que permanezcan

la mayor cantidad posible de tiempo, y poco a poco ve cumpliendo las promesas que les haces: debes cumplir lo que prometes. Esto lo comento porque hay creadores de contenido que anuncian, por ejemplo, "Las diez razones por las cuales no crece tu canal; la quinta te sorprenderá". Y sucede que, al llegar la quinta, se trata de una información bastante aburrida o que ya todos saben, por obvia. Entonces el visitante no solo se sentirá defraudado, sino que tú mismo le estás enseñando a no picar el anzuelo cuando vuelvas a decirle: "Los seis motivos por los cuales el algoritmo de YouTube no te quiere; ¡no podrás creer el tercero!". Realmente esto es solo un ejemplo, y creo que lo importante es que tú como creador te enfoques en realizar el mejor contenido. En contraste, procura mantener la expectativa a lo largo de la duración del video, y, reitero: ¡cumple tus promesas!

Mi sugerencia es que pienses muy bien tus palabras de inicio, que saludes con entusiasmo y expreses un mensaje persuasivo, para intrigarlos. Puedes decir, por ejemplo: "Quédense hasta el final del video, les va a encantar, les tengo una sorpresa". Y entre más rápido llegues al tema principal del video, mejor.

También funciona usar frases del tipo: "Un poquito más adelante te explicaré el truco para…"; entonces, una vez que hayas cumplido con la primera promesa, puedes lanzar otra: "Hay una forma distinta de hacer esto, pero eso te lo diré casi al terminar el video"; de esta manera les entregas lo prometido por su compromiso de verte, al tiempo que tus suscriptores no se sentirán defraudados.

También te sugiero que al final de tus videos les platiques de manera orgánica en qué contenidos estás

trabajando, qué vendrá próximamente, y los animes a comentar qué les gustaría ver.

Ahora, debes saber que tan importante como el inicio del video es su final. Procura presentar una imagen clara a través de tus redes sociales y tu logotipo, empleando una música que se adapte y te caracterice y mencionar de vez en cuando el mensaje de manera orgánica: "¡Recuerda darle *like*, suscríbete y comparte!"

Todos estos elementos en conjunto potenciarán el impacto de tu video y, por consiguiente, el algoritmo de YouTube detectará una actividad conveniente para recomendarlo en la plataforma. Al haber comentarios e interacciones, entonces la plataforma comenzará a compartirlo a través de un proceso exponencial: YouTube lo difunde a, por ejemplo, diez personas; si de esas diez personas ocho le dan clic, entonces el algoritmo lo compartirá a otros diez, luego a veinte y luego a más, ramificando y difundiendo cada vez a más usuarios.

Por eso es tan importante considerar todos estos factores, lo cual muestra la gran importancia de la interacción entre el suscriptor y el creador de contenido.

5. El título

Este será el elemento más significativo en la presentación de tu video; si es el adecuado y la miniatura que emplees está excelente (aspecto que veremos más adelante), tu video captará muchísima atención.

El título debe cumplir dos requisitos, el primero es que cumpla con lo que los visitantes esperan encontrar en el video, y el segundo es que esté redactado de manera *persuasiva*. De hecho, muchos *youtubers* dedican mucho tiempo a encontrar el título ideal para sus videos, continuamente se encuentran barajando cuatro, cinco o diez opciones, pues de eso depende que los visitantes quieran adentrarse en el contenido: tocar el recuadro de la miniatura y dedicar un momento a descubrir lo que prometes.

Mi sugerencia es hacer una lluvia de ideas con las palabras clave de la temática del video, y después combinarlas de manera atractiva y original.

Hay un límite en el número de caracteres (es decir letras o números, ojo, no palabras completas) que pueden emplearse en el título, que es hasta un máximo de cien, por lo que procura emplear las palabras que sean necesarias para transmitir la idea, sin provocar confusión.

Observa, por ejemplo, este título de un video en mi canal:

consigo una victoria de FORTNITE solo con las nuevas armas míticas más poderosas del capítulo 3

Debes tener en cuenta que la vista previa únicamente mostrará algunas palabras iniciales, pero no todo el título hasta que se le dé clic. En este caso, lo único que se leería del título del video es:

consigo una victoria de Fortnite solo con las nuevas...

Aquí al potencial público no le queda en absoluto claro a qué tipo de victoria se refiere; la vista previa puede darnos la idea de una victoria con armas de calidad rara, con armas exóticas, de un tipo de reto, e incluso de un torneo, y no que se refiere a una victoria con armas míticas. Este es un ejemplo que quizá no

tenga que ver con la temática de tu canal o video, pero recurro a él para explicarte por qué los títulos deben ser claros para que no causen confusión. Y es muy importante que incluyas en las primeras siete palabras elementos persuasivos o intrigantes.

Si redactamos mejor el título completo del ejemplo anterior, quedaría algo así:

¡Solo NUEVAS armas míticas para ganar! (capítulo 3)

Como puedes ver, de esta manera atrae mucho más la atención: es más clara, concisa e interesante.

¿Observas que esas primeras palabras son súper claras e invitan a ver el video? Aplica esto a los títulos de tus videos de acuerdo con tu temática, ya sea de videojuegos, análisis de películas, vlogs de viajes, tutoriales o lo que sea que abordes en tu contenido.

6. La miniatura

Uno de los aspectos que quizá sea el más descuidado, no solo por creadores de contenido que recién comienzan, sino por algunos que se preguntan por qué, si ya llevan tiempo subiendo contenido, sus videos no captan la atención de los demás, se debe a la poca atención que prestan a la miniatura del video. De todos mis consejos, creo que este es el más valioso. También es verdad que algunos amigos que utilizan miniaturas "poco llamativas" y escriben títulos que realmente no dicen nada del contenido del video, consiguen que su trabajo sea súper apoyado. Esto es porque normalmente la temática de su canal ya se los permite, pero llegar a ese punto es muy complicado. Mis respetos para esos *cracks*. La miniatura del video es el equivalente a la portada de un libro, y en esta miniatura debe concentrarse el mensaje que se quiere hacer llegar a los demás.

Aquí una persona podría decir: "Bueno, pero no debes juzgar un libro por la portada", y estoy de acuerdo, aunque recuerda que las opciones que los visitantes tienen en esta plataforma son inmensas y cada visitante dedicará fracciones de segundos a elegir cuál video ver a continuación, así que tu propuesta siempre estará compitiendo con cientos o miles de otras opciones de temática similar. El contenido del video puede ser de lo más interesante, pero si la miniatura que lo presenta es fea o está mal encaminada, entonces nadie llegará al contenido en realidad, simplemente será rechazado sin ser visto: Si la miniatura no es atractiva, entonces el video será un fracaso.

También debes prestar atención a la construcción de un estilo propio. La miniatura debe ser consistente en todo tu canal, por lo menos durante periodos determinados de tiempo. Desde pequeños programamos nuestras mentes para identificar ciertas formas y colores, así que mi recomendación es proponer un estilo unificado que te haga reconocible. En mi caso, he seleccionado el color amarillo como color de mi canal y mi personaje de Fortnite tiene ese mismo color. Y también lo empleo en el *banner* y logo.

Que aparezca tu rostro o no depende de tu estilo y del contenido que produces. En algunos canales, como el de Luisito Comunica, se recurre a su rostro porque él es su marca, así que en su caso es muy importante mostrarse. Tú debes decidir si tu rostro aparezca o no.

Tal vez al inicio no puedas pagarle a un diseñador (¿ya ves cómo es importante estudiar para tener habilidades que ofrecer?) para que te ayude con

tus miniaturas, de manera que lo más probable es que por ahora las tengas que hacer tú. Utiliza aplicaciones gratuitas, tales como Canva y Pixrl, para diseñarlas, ya que ellas te permiten usar diversas tipografías y colores; así lograrás resultados muy atractivos, lo cual habrá de impulsar tu contenido y así conseguir los recursos para después tener a alguien que te ayude a diseñar. Haz tus miniaturas lo mejor que puedas, pero hazlas tú mismo: evita usar las miniaturas que YouTube te ofrece por defecto, ya que ésas no resultan nada interesantes y darán la impresión al visitante de que tu video es demasiado aburrido o poco profesional.

7. Descripción del video

Otro aspecto muy significativo de nuestros videos debe ser la descripción; se sorprenderían con la cantidad de principiantes que la dejan en blanco o la rellenan con apenas unas palabras. Conviene saber que, aun sin que el visitante haga *scroll* (deslice la pantalla), la plataforma presenta dos renglones a la vista, por lo tanto, hay que emplearlos correctamente. Mi sugerencia es que en éstos se mencione de qué trata el video, por ejemplo, si presentas un reto, una invitación a descubrir algo o una novedad. Un truco muy útil es repetir lo que dice el título, pero, con otras palabras; a esto se le conoce como *parafrasear*, y sirve para explicar de otra forma una idea concreta y para dar detalles adicionales de los que presenta el título.

En la descripción también se deben colocar los *links* (enlaces) hacia tus redes sociales, tu página web, tu tienda en línea (si es que la tienes) y un mensaje de recordatorio, un “suscríbete” o algo parecido.

8. Etiquetas

Es muy importante que coloques etiquetas o *hashtags* en la descripción de tu video, ya que esto permitirá que tu trabajo pueda ser detectado por otros usuarios en la plataforma. Las etiquetas son las "palabras clave" que una persona coloca en el buscador. En mi caso, dependiendo de la temática del video, empleo las siguientes: "rotrex", "gamer", "reto de fortnite", "videojuegos", "challenge fortnite", "victoria"; "ganando fácil; "entretenido"; "divertido", etc.

Reitero que las etiquetas deben ser las palabras clave a través de las cuales un usuario buscaría tu video. En cierto sentido, son como avisos o llamadas de atención para que la plataforma detecte la temática del video, y también pueden ser empleadas como parte del texto de la descripción. Las etiquetas deben ser muy específicas y relacionadas con tu contenido. Recuerda siempre incorporarlas puesto que, de lo contrario, tu trabajo podría ser poco recomendado en la plataforma. Todo esto le dará consistencia a tu video y ayudará a que se comparta más.

9. Detectar qué está funcionando en la plataforma

En un apartado anterior le di mucha importancia a que tanto tú, como tu contenido, deben de ser originales, así como evitar copiar a algún otro creador, por lo que no quiero que lo que comente a continuación suene como una contradicción. A lo que me refiero es que, en un momento determinado, a ciertos videos puede irles muy bien, ya sea por las palabras clave que se usaron en el título o por la descripción; entonces es conveniente analizar

y detectar palabras clave en videos anteriores, ya que en ese momento el algoritmo estaría enfocado en promover ese contenido. Esto aplica sobre todo cuando alguna tendencia domina la escena o se ha presentado algo de mucha novedad.

Esto me recuerda cuando hace un par de meses se hizo muy popular una temática de Fortnite, que fue: "Desmintiendo mitos". Muchos creadores estaban subiendo contenido relacionado con el tema y a algunos comenzó a irles muy bien en número de visualizaciones e incluso alguno mío consiguió viralizarse; entonces es el momento de observar qué hicieron ellos para que su contenido funcionara tan bien y detectar qué etiquetas o palabras clave emplearon, para así incorporarlas a nuestros videos. Repito, esto no es lo mismo que copiarlos, es aprovechar el momento de un patrón de búsqueda para que el algoritmo juegue a nuestro favor, para que sugiera nuestro contenido a personas interesadas en el tema.

Algo que puedes hacer es, por ejemplo, detectar cuáles son los tres o cuatro videos más virales relacionados con el tema de tu video y entresacar las palabras clave para integrarlos en tu título, tu descripción y tus etiquetas. Juega a barajear opciones con esas palabras clave y úsalas principalmente en el título y luego en la descripción, ¡por algo les fue bien!, y así no tienes que recurrir únicamente a tu mente, ingenio o creatividad para descubrir las claves de lo que está funcionando en un momento determinado de la plataforma. Ojo, estas palabras pueden estar tanto en español como en inglés.

10. Usa también tus otras redes sociales

Aunque esta recomendación aplique más para canales que ya tienen un mayor número de suscriptores, te sugiero que comiences a familiarizarte con esta excelente opción. Sal un poco de YouTube y aprovecha otras redes sociales, tales como Instagram, Twitter o TikTok para hacer promoción de tus videos. Por ejemplo, si en Instagram se tienen 40 000 seguidores, vale la pena promover por ahí el contenido de tu video en YouTube, pues supongamos que, de esos 40 000 usuarios, el 10% se interesa en verlo, esto significará que 4 000 personas podrían estarse sumando a las vistas del video. Usa tus redes sociales y recuerda destinar al menos tres segundos para promover tu canal de YouTube o el video más reciente. Esto se reflejará en mayores vistas, nuevos suscriptores y, naturalmente, un incremento en tu monetización.

CÓMO SELECCIONAR EL NOMBRE DE TU CANAL

Un error que cometí durante mis tres primeros años como *youtuber* fue el de emplear como nombre de mi canal lo primero que se me vino a la mente; en mi caso el nombre era "IYourGamerMom", que no era otro que mi *gamertag* o *nickname* en Xbox cuando tenía once o doce años. Este nombre de canal, además de estar en inglés, era largo, raro y difícil de recordar.

Tres años después y ya con tres mil suscriptores me puse a reflexionar: "Creo que desde el nombre del canal estoy haciendo las cosas mal", me dije. Sospechaba que debía cambiar el nombre del proyecto si quería obtener mejores resultados, lo cual, confieso, me daba un poco de temor. ¡Era como si la marca de un refresco cambiara de nombre! "¿Qué pasaría si ya nadie me ubica o la mayoría deja de seguirme?", pensaba. Pero finalmente me decidí y comencé a barajar opciones del nuevo nombre de mi canal.

Una mañana tomé una hoja de papel y empecé a pensar qué nuevo nombre pondría ponerle. Quería uno que fuera corto y fácil de recordar, al contrario del que tenía y que no estaba funcionando.

Por principio de cuentas, pensé, debe llevar Ro, por mi nombre, Rodrigo, pues así me conoce la mayoría.

Recuerdo que, luego de un buen rato, hice una lista de aproximadamente quince palabras —Rolex incluido, ja, ja— hasta que finalmente di con el que me sonaba mejor: RoTrex. Bueno, al principio sonaba un poco tonto, es verdad, pero las otras opciones que tenía también, así que me decidí por el que sentí que tenía más carisma, aunque tomar la decisión me costó más de una semana.

Mi sugerencia es que el nombre de tu canal debe gustarte, debes identificarte con él. Procura también que pueda escribirse fácilmente en el buscador, que no recurra a signos especiales, diagonales o asteriscos, para evitar confundir a la gente (y al buscador). Y recuerda —ES MUY IMPORTANTE—: no copies el nombre de otro creador.

En resumen: el nombre de tu canal puede ser lo que decidas, siempre que sea algo fácil de escribir y de recordar (y que no sea grosero ni ofensivo, ¡obviamente!).

Finalmente, cuando hice el cambio de nombre, lo anuncié en un video, explicando los motivos y los beneficios que consideraba que esto traería. ¡Y todo valió la pena!

¿Cuál es el alcance de tu canal?

Con respecto de la palabra "alcance" no me refiero a la cantidad de personas en concreto a las que buscan llegar los videos de tu canal, sino a cuál es el tema específico que cubrirás o de qué asunto quieres hablar en tu contenido. Esto lo comento porque a YouTube le gusta que un canal se refiera a un solo tipo de contenido, ya sea música, vlogs, videojuegos o películas. Al algoritmo de YouTube no le gustan las mezclas, por ejemplo, en tu canal no puedes meter asuntos de cocina, videojuegos, paseos con tu perro y películas, todo a la vez, porque no tendría una identidad definida. Y esto aplica también para las miniaturas y las descripciones que realices. Por eso, al abrir un canal debes detenerte a pensar sobre qué tema abordarás, porque si tu contenido es algo muy, pero muy específico, puede ser que pronto se te acaben las ideas.

A todos nos ocurre que hay un momento en que las ideas escasean. Por eso es tan importante interactuar con la audiencia y preguntarles qué nuevos temas o contenidos quieren ver en el siguiente video. Esto funciona muy bien por dos motivos: el primero es que siempre tendrás nuevas propuestas; y el segundo, y muy importante, es que estas son siempre propuestas de contenido que tus suscriptores (algunos de ellos, por lo menos) en verdad quieren ver. Es fundamental que hagas este balance, incluso aunque tengas muy pocos seguidores. ¡Recuerda que tu primer reto será pasar de cero a cien suscriptores!

Tu canal secundario

La forma más fácil para que puedas subir contenido diverso sin que interfieras con el algoritmo que YouTube ha determinado para tu canal principal es disponer de uno secundario. Mi canal secundario se llama xRoTrex, y en este suelo subir videovlogs con mis amigos, *gameplay* de otros videojuegos u otras diferentes actividades, sin la preocupación de que esto cause algún conflicto con el perfil del canal principal. Aunque claro, debo decirte que ahora tengo la posibilidad de hacer esto porque ya tengo quien me ayude a editar esos videos y administrar el otro canal. Es muy probable que para darte a conocer necesites centrarte en un solo videojuego. Pero te recomiendo

que con el tiempo puedas lograr una variedad de contenido y que la gente te conozca por tu personaje independientemente de lo que te hizo crecer. Sin duda alguna es de las cosas más difíciles, pero vale la pena ya que es una manera de asegurarte un futuro en la plataforma.

Copyright

El asunto de los derechos de autor, el famoso "copyright" es otro de esos temas a los que es primordial poner atención durante tu aventura en la plataforma. Por ejemplo, todos los libros, la música y las películas están registradas, pertenecen a sus autores, casas productoras y editoriales, y si recurres a ese contenido estarás infringiendo sus derechos. Y te lo van a reclamar.

Supongamos, por ejemplo, que subes canciones a tu canal; bien, pues esa música (a menos que sea de la biblioteca musical gratuita de YouTube) pertenece a alguien, ya sea a un artista o a una disquera, así que usarla sin permiso no sería una causa para que te cierren el canal, pero YouTube sí te enviará un mensaje diciéndote que lo que usaste es propiedad de alguien y que, si tu canal comienza a monetizar, el dinero generado por tu contenido no llegará a tus manos, sino al dueño de la música. En mi caso, utilizo una aplicación de pago con música libre de derechos de autor. Claro que al principio "me dolió el codo" gastar en eso, sin embargo, a la larga resultó mejor, ya que no me gustaría que mis videos monetizaran y yo no recibiera nada de esas ganancias. Actualmente solo puedes utilizar tres segundos de una canción para que el sistema de YouTube no lo detecte.

Igual ocurre si usas segmentos de películas o series. Si vas a tomar parte de este contenido, debes cuidar muy bien que no infrinjas derechos de autor. Mi sugerencia es que crees todo tu contenido de manera propia y así nunca tendrás problemas. Transmitir o grabar un videojuego no tiene derechos de autor porque las posibilidades de las situaciones son infinitas. Nunca podrás replicar algo exactamente igual. En cambio, una canción siempre tendrá el mismo ritmo no importa cuantas veces la reproduzcas.

Entendiendo el algoritmo

Algoritmo es una palabra que escucharás frecuentemente en esta actividad y es mencionada continuamente por los creadores de contenido en frases como: "Si te gustó, interactúa con este video, para que el algoritmo de YouTube lo recomiende". Entonces, ¿qué es el famoso algoritmo y por qué es tan importante tenerlo en cuenta?

El algoritmo es un sistema de conexiones digitales que están siendo calculadas por un programa informático en tiempo real (digamos que, por un robot, je, je); ocurre así porque en YouTube existen infinidad de videos y de contenido que día a día se van generando, por lo que un ser humano no podría decidir "manualmente" si debe compartir un video o no, o si es bueno o no. Para no complicarnos, debemos comprender que existe un proceso en YouTube para que los videos que tienen más éxito sean sugeridos a más personas, con lo cual se potencia aún más su éxito. Aquí podrías preguntarte: Si voy iniciando y tengo diez suscriptores, y mis videos tienen en promedio ocho vistas, ¿cómo rayos el algoritmo va a recomendar mis videos?

No te preocupes. En este libro te compartiré varios *tips* para que tus videos comiencen a aumentar en sus números de vistas, pero por lo pronto te sugiero que aprendas a adaptarte al algoritmo y ser lo más apegado a este; en otras palabras: "llevarte lo mejor que se pueda con él". El algoritmo puede cambiar cada determinado tiempo e irse ajustando en ciertos aspectos.

9999M de visitas
11M

Debes ser un investigador 24/7 del algoritmo

Como te mencioné, el contenido de tu canal debe ser específico, de acuerdo con el tema que has elegido, ya sean videos de viajes, reseñas libros, partidas de videojuegos o análisis de películas. Dicho de otra forma, no conviene mezclar videos de distintos temas en un mismo canal, ya que eso "confunde" al algoritmo de YouTube.

Para entender el algoritmo de la plataforma se debe de ser un investigador 24/7, es decir, debes de revisar las métricas, las estadísticas de cuáles son los mejores horarios de publicación, dónde vive tu audiencia, el porcentaje de hombres o mujeres que te sintoniza, qué edades y qué nacionalidades tienen. Todo esto es relevante, pues si tu público está acostumbrado a que publiques tu video el domingo a las diez de la mañana, el que sigas haciéndolo sirve para generar lealtad, o costumbre, entre tu audiencia.

A veces el algoritmo es impredecible para los creadores y eso puede generarles confusión o molestia, porque, por ejemplo, hay canales con contenido de muy poca calidad (perdonen la expresión, pero así es desde mi punto de vista) a los que les va muy bien, y otros canales de excelente contenido que tienen resultados limitados, por no decir pobres; por esto la clave en esta aventura es tomar las cosas con humor y filosofía, y siempre estar investigando lo que funciona. No te desanimes y déjate sorprender cuando alguno de tus videos se haga viral.

Haz tu propia investigación, y aprovecha que YouTube te enviará correos electrónicos denominados YouTube Creator, donde te felicitan y dan sugerencias, aunque no son muy específicas. Son algo así como una palmadita en la espalda que te dice "sigue así", pero no necesariamente son aplicables a tus videos.

Me he dado cuenta de que todos los creadores que hoy día son muy conocidos tuvieron un video viral que los hizo despegar. Es decir, después de ese video, YouTube comenzó a darse cuenta de su existencia en la plataforma. Así que busca sin descanso ese video viral.

Quiero darte un consejo extra muy importante que puede salvarte de perder todos tus proyectos. Es de suma importancia que desde un inicio tengas aseguradas tus contraseñas y cuentas para evitar problemas muy graves. Nunca debes de tener la misma contraseña para todas tus redes sociales y canales de YouTube. Esto puede ocasionar que un hacker acceda muy fácilmente y haga lo que quiera con tu contenido y tu trabajo. Si puedes evitar cliquear *links* sospechosos, de verdad hazlo, porque si no luego te arrepentirás. Hay gente muy mala que haría lo que sea por apoderarse de tu canal para lucrar con tu contenido o simplemente por maldad. Déjame contarte que una vez yo cometí el error de descargar un software de una página no muy confiable, después de utilizarlo un par de horas creí que no había tenido ningún problema y me fui a dormir. A la mañana siguiente me despierto con la noticia de que me habían hackeado mi canal de Twitch, y la cuenta de Epic Games. Intenté tranquilizarme para poder reaccionar correctamente y de pura suerte el canal no había tenido problemas (hasta ese momento). Cuando eres un *youtuber* relativamente conocido tienes contactos directos con las empresas y todo es más rápido de solucionar. Agradezco la atención de parte de mis amigos, Pato de Epic y Nico de Twitch, que me ayudaron a solucionar todo el mismo día. ¡Pero el susto no me lo quita nadie! Evidentemente cambié todas las contraseñas como tres veces (sí, fue todo un relajo ja, ja) pero al final no pasó a mayores.

Cómo tener buenas relaciones con las marcas y tus patrocinadores

A las empresas les conviene tener una buena relación con sus creadores de contenido pues, literalmente, somos quienes hacemos la promoción de sus productos o servicios, y gracias a nosotros es que los mantenemos *high*, con vida y en movimiento.

En mi caso, ser un gran creador de contenido de Fortnite me puso en el radar de Epic Games, la empresa desarrolladora de este increíble videojuego.

Naturalmente, cuando comencé con mis videos a los trece años jamás imaginé que esto pudiera ocurrir, ni tampoco sabía el camino o proceso para que esto pudiera darse. Y es lo que quiero compartirte a continuación, para que, llegado el momento, si una empresa se fija en ti, puedas fomentar una buena relación.

Reitero que una empresa como Epic Games, la propietaria de Fortnite, quiere que la gente suba videos y haga promoción, puesto que, a través de ti, a ella le va bien, por lo cual se trata de una alianza donde todos pueden beneficiarse.

Mi primer contacto con la empresa no lo busqué como tal, es decir, no les envié un correo o mensaje con alguna propuesta, sino que ellos se fijaron en mí debido a mi talento, mis números de seguidores y a mi constancia en la creación de nuevo contenido. Cuando se pusieron en contacto conmigo fue por correo electrónico, a la dirección que yo había añadido a mi canal de YouTube como el contacto para negocios. Siento que esto fue crucial, puesto que de esta manera les fue sencillo contactarse conmigo y te sugiero que lo hagas también.

Seguramente la empresa realizó una previa evaluación de los resultados de mi canal, la calidad de mis videos, mi relación con mis suscriptores o algunos otros factores que ellos entenderán y yo desconozco (tal vez hasta estudiaron mis redes sociales), pero eso abrió la puerta para el contacto. Y he de decir también que no fui el único creador de contenido a quien buscaron, pues el número de *youtubers* en su lista era creciente.

Para mí fue muy emocionante abrir un día mi correo y descubrir un mensaje de Epic Games el cual decía: "Nos da mucho gusto conocerte, te felicitamos por tu entusiasmo y quisiéramos saber si te gustaría formar parte del equipo de Fortnite LatAm". También me dijeron que querían invitarme a un evento en línea, el cual debía compartir con mis suscriptores, a lo cual accedí gustoso. Me sentía muy contento por el hecho de que la empresa me tomara en cuenta como un creador de contenido sobresaliente, pues esto me posicionaba en YouTube.

Todo esto se debió a mi entusiasmo y también a la manera en que les respondí. Así es, aunque parezca mentira, es muy importante la educación en las relaciones con la empresa. Por principio de cuentas, les agradecí mucho que me tomaran en cuenta, que estaba encantado, que el juego era buenísimo y que estaba a sus órdenes. Mi recomendación es que en las respuestas a los llamados de las marcas hay que ser diplomáticos. Es muy importante decirles en los mensajes de respuesta: "Gracias por tomarme en cuenta, estoy a sus órdenes". Y, *muy, muy importante*, cuidar la redacción y la correcta ortografía. Esos detalles hacen la diferencia y te destacan del resto, pues desde el principio la marca notará que eres cuidadoso y responsable.

Ya durante el primer evento me di cuenta de que no éramos bastantes participantes, y que yo era afortunado por poder estar en esta comunidad, ya

que eran creadores muy buenos y esto me permitía no solo adquirir más experiencia, sino darme a conocer más en este mundillo.

Así que continué creando contenido sobre el juego, manteniendo siempre mi estilo, mi entusiasmo y buenas relaciones con mis suscriptores.

Algunos meses después, Epic Games volvió a enviarme un mensaje invitándome a otro evento, lo cual nuevamente les agradecí; esto me hacía sentirme por las nubes, ya que volvía a darme más entusiasmo en mis videos y en compartir contenido.

Siento que el entusiasmo es la clave para que una empresa se fije en uno, y siempre traté de quedar bien en sus eventos, los cuales al principio se trataban de participaciones mínimas, pero que gradualmente iban creciendo. Este proceso no es inmediato, ya que, por ejemplo, en mi caso, estas mínimas participaciones fueron en un lapso de año y medio. Sin embargo, me motivaba mucho ser parte de esta comunidad y eso se reflejaba en la calidad de mis videos, los cuales siempre realicé con constancia y buen ánimo.

De hecho, he de aclarar que nunca imaginé que la relación con Epic Games avanzara más allá de invitarme a sus eventos o de pedirme alguna participación en un video para compartirlo con mis espectadores; sin embargo, poco a poco la relación se volvió más sólida. En mi caso, siempre busqué disfrutar y hacer lo que más me gustaba, que era grabar videos de un juego en el cual me volvía cada vez más experto. En realidad, no pensaba que una marca pudiera pedirle a uno formar parte de sus creadores oficiales, como ocurrió un poco más adelante. Actualmente soy parte de los pocos creadores del canal oficial de Fortnite LatAm, y esos lugares están peleadísimos.

EPIC
GAMES

Epic Games me solicitó, junto con una decena de "Capitanes" (creadores de contenido), ser parte de su imagen, lo cual formalizaron con un contrato, en el que se establecen los términos del acuerdo a los que se llega, los contenidos de los videos y las fechas en que se subirán, así como otras condiciones, tales como el pago correspondiente.

Este contrato fue sumamente motivante para mí, ya que no solamente grabaría videos para mi propio canal, sino para el canal de Fortnite LatAm. De esta manera mi imagen ya sería referente para la comunidad de América Latina y atraería más seguidores a mi propio canal.

Este es uno de los beneficios de ser un *youtuber* comprometido y en proceso de profesionalización constante, ya que una empresa como Epic Games quiere tener entre sus filas a personas que cumplan sus requisitos, que sean competentes y que sean muy, pero muy chidos.

Estoy convencido de que, para que una marca se fije en ti, uno tiene que proyectar una buena imagen en redes sociales y hacia todo el mundo, que te veas presentable, que agrades, evitar los comentarios desagradables, insultantes o denigrantes para cualquier grupo de personas, intentar no depender demasiado de las groserías como detonantes de humor y ser lo más entretenido que te sea posible. Tampoco hay que hablar mucho de otros juegos o de otras marcas o plataformas que sean la competencia, sino mantenerse neutral. Hay que procurar ser muy profesional a la hora de comunicarte y mantener tu propio sello, ya que las marcas requieren gente original para atraer y mantener a su comunidad de seguidores. Tu misión es transmitirles confianza para que siempre confíen en ti.

A cambio, las marcas tratan muy bien a sus creadores de contenido, pues comienzan a verte como un elemento indispensable para su promoción, por lo cual querrán mantenerte contento. Por ejemplo, pueden enviarte ropa genial, regalos, juguetes, cómics y asegurar tu participación en eventos exclusivos, lo cual hará que los videos que compartas en tu canal sean realmente de contenido exclusivo.

Y, por si fuera poco, te hacen bonificaciones por las compras que hagan tus suscriptores usando tu código de creador. El código es una clave de palabras que compartes a tu comunidad para que cada vez que alguien compre algo en la tienda de Fortnite (Epic Games), la marca te dé una participación, lo cual se suma también a los beneficios de ser parte de este equipo.

A la par, la marca ya te paga por la creación de los videos que se subirán a su canal oficial, pues eres parte del equipo élite. Estos videos deben tener tu sello personal y ser muy profesionales. La marca siempre los revisa y les da el visto bueno; si hay algo que cambiar, se cambia y listo, pero hasta la fecha jamás he tenido problemas con Epic Games en este aspecto.

En estos momentos, los beneficios se duplican porque, además de que te pagan por hacer los videos (y al subirlos promocionan también tu canal), recibes códigos para regalar a tus suscriptores, ya sea por medio de un sorteo o mediante el mecanismo que tú consideres más conveniente. Debes recordar que son obsequios para tu comunidad, no son para quedártelos o para subastarnos ni dárselos a tus

amigos: su función es atraer a nuevos suscriptores a tu proyecto. Ellos, quizá interesados al principio unicamente por el premio, después se queden por la calidad de tu contenido.

A este respecto, sé de creadores que elevan un poco más la apuesta en esta dinámica, al ofrecer promesas falsas, por ejemplo, la rifa de un teléfono celular bastante costoso. Personalmente no tengo nada en contra de la práctica, pero lo que me parece inadecuado es usar esto solo como señuelo y nunca regalar el objeto, ya que hace que la gente pierda la confianza y se sienta timada. Si ofreces algo, cumple tu palabra y recuerda que los canales que hacen tácticas fraudulentas, si bien al principio suben como la espuma, rápidamente se desinflan bajo el propio peso de su falta de credibilidad.

Los 15 pasos para la creación de videos

A continuación, te compartiré el proceso creativo de quince pasos que empleo para ser un youtuber, en este caso, de Fortnite. Cada uno puede aplicarlos a su temática particular, y he comprobado que da muy buenos resultados. Comencemos:

YouTube
YouTube

1. Siempre termina lo que empiezas

Ja, ja, ¡no, no se trata de una broma! Terminar de publicar el video significa no tener ningún pendiente por realizar de algún otro video que haya subido previamente, y también es descartar cualquier detalle que me distraiga acerca del mismo. Esto significa que el video que ya se subió es un pendiente menos, y ahora necesito tener mi mente despejada y concentrada para lo que sigue.

2. Pensar en una nueva idea

Procuro pensar en una idea que tenga relevancia e impacto, por ejemplo, alguna novedad de Fortnite, alguna actualización o algo que pueda serle muy útil y agradable a mis suscriptores. Hay ocasiones en que no hay nada nuevo, de manera que trato de hacer una lluvia de ideas para ver qué podría ser original e interesante, y a esta lista la llamo "comodines". Estos son videos que ya tengo pensados desde tiempo atrás, los cuales no se verán afectados por la novedad, porque no dependen de las actualizaciones del juego. Sin embargo, primero subo las novedades y luego saco mis comodines, para no quedarme sin ideas.

3. Diseñar la miniatura del video

Una vez que sé cuál es el tema por tratar, le pido a mi diseñador que haga la miniatura del video. Para esto le explico los detalles que requiero: cómo debe ser la imagen y cuál el fondo. A esto siempre le presto la mayor atención, puesto que, si la miniatura no está excelente, nadie entrará a ver el contenido.

4. Grabar el video

Esto consiste en grabar, es decir, sentarme y alistar el micrófono y la cámara. Actualmente, con la

experiencia que ya tengo, suelo hacer mis directos con mis suscriptores desde Twitch, mismos que grabo para subir a YouTube, así "mato dos pájaros de un tiro". Esta forma de grabar es para avanzados, ya que debes cometer el mínimo de errores a la hora de comentar. Para alguien que recién va comenzando es mejor que haga su video sin presiones y a su ritmo. En cambio, si ya eres "muy pro", entonces te recomiendo que ya grabes tu contenido con público en vivo.

Respecto del tiempo de grabación, este es variable. A veces el video puede salir en veinte minutos, en tres horas... o nunca. Hay veces en que consigo lo que busco a la primera, o bien nunca tengo el resultado que esperaba. Y ocurre también que, en ocasiones, el video de tres horas de grabación puede editarse facilísimo, y el de veinte minutos tomar una eternidad de tiempo en su edición. En conclusión: todo video es diferente.

5. Grabar la introducción

A continuación, procedo a grabar una introducción de diez a veinte segundos, explicando de qué se tratará y qué podrán encontrar los visitantes en este nuevo video.

6. Animar desde el modo cine para la intro

Esta animación es únicamente para creadores de Fortnite, ya que el juego te da la opción de meterte a un sistema de cine, en el cual ves el juego como una película, en tercera persona, a diferencia de como habitualmente se ve, en primera persona. Así puedo dar animación al personaje, por ejemplo, realizar ciertos movimientos o bailes, lo cual hace muy entretenida la introducción; recurrir a esta animación se ha vuelto parte de mi estilo como creador.

7. Editar una grabación

Esta edición se aplicará al video que se grabó previamente en directo, y consiste en hacer los cortes adecuados al contenido para que el video sea fluido, tenga ritmo y resulte más interesante. En este paso hay que resumir una hora o más del total del video a tan solo ocho o doce minutos. El video resultante es la base para una fase más detallada.

8. Añadir detalles

Durante la edición del material grabado en directo podemos añadir toda clase de detalles, efectos prácticos y especiales. Podemos incluir música diversa, aplicar acercamientos o alejamientos de ciertas escenas e integrar otros efectos de sonido y visuales.

Para este trabajo tengo dos opciones. Puedo enviar el video en bruto a mi editor (con sus respectivas instrucciones) o puedo trabajarlo yo mismo. Hoy día, ya tengo la posibilidad de que alguien me ayude a editar, pero durante más de cinco años yo mismo realicé este proceso. De hecho, la manera más común de aprender en esta área es por medio de tutoriales en YouTube. Te recomiendo para comenzar cualquier app gratis como Filmora o Videopad. A mí me funcionaron cuando no tenía el lujo de gastar en programas poco económicos. Si has decidido que alguien te ayude, el editor que elijas debe adaptarse a tu estilo y también ser alguien muy competente, para que el resultado sea de alta calidad.

Recuerdo que el proceso para encontrar a mi actual editor no fue una tarea sencilla y primero realicé un documento con los requisitos que debía cumplir.

Te recomiendo hacer lo mismo para que tu editor se adapte lo más rápido a tu estilo de videos.

En redes sociales hice una propuesta abierta, hasta que, finalmente, encontré a la persona adecuada; esto actualmente es una gran ayuda para mí, pues si bien la primera etapa de edición del video base tarda una hora, la edición fina puede tomar dos, tres o más horas.

9. Corregir la miniatura del video

Ya con el video finalizado, reviso la miniatura para verificar que, en efecto, refleje correctamente el tema del video, de manera que procuro hacer los últimos ajustes en esta para que quede excelente; es importantísimo afinar todos los detalles, pues, reitero, si la miniatura no llama la atención, el video tampoco lo hará.

10. Alistar todo para subir el video a YouTube

Previo a publicarlo, completo con cuidado todos los campos que se me solicitan: añado el título, la descripción que incluye mis redes sociales, las etiquetas y decido en qué lista de reproducción debo colocarlo; ya con la experiencia que poseo esta fase me toma de diez a quince minutos, aunque para los principiantes esto puede demorar más.

11. Publicar el video

Siempre publico mis videos a la misma hora, pues de esta manera mis suscriptores ya están familiarizados con el calendario de publicación. También es muy importante revisar las métricas que proporciona YouTube acerca de los mejores horarios para publicar pues, por ejemplo, en vacaciones los horarios

óptimos pueden alterarse. Alguna vez me ocurrió que mis videos no obtuvieron el número de vistas que esperaba y cuando consulté las métricas comprobé que, en ciertas épocas del año, como en periodo de vacaciones, debía realizar ciertos ajustes en los horarios de publicación.

Un hábito que tengo, enseguida de que subo el video, es verlo completamente como un espectador más. Y claro, también le doy su manita arriba, ja, ja, nunca está de más.

12. Compartir en todas las redes sociales la publicación de un nuevo video

Procuro compartir en todas mis redes sociales el nuevo video; esto lo hago en Instagram, Discord y en Historias de YouTube, de manera que tenga promoción.

13. Ingresar al video recién subido para leer algunos comentarios e interactuar con la comunidad

Procuro ingresar al video para leer los primeros comentarios que aparecen, responder a algunos e interactuar con los suscriptores. Me gusta enviarles saludos y agradecerles personalmente su presencia. Tal vez no pueda responder a todos los comentarios, pero vale la pena darse un tiempo para hacer comunidad.

14. Evaluar el éxito del video

Esto lo menciono, aunque en la práctica no recomiendo obsesionarse con ello. En realidad, detenerse a ver cómo le está yendo al nuevo video es un asunto complicado, porque si el video no es un éxito, eso puede bajarte la pila, te puede desanimar o incluso hasta deprimir, sobre todo si tenías muchas expectativas que no se están cumpliendo. Lo más complejo del asunto es que no puedes hacer nada para que al video le vaya mejor, es decir, no puedes incidir en el resultado final, pero sí puede tener un gran efecto anímico en ti. Una frase que siempre me motivó cuando mis videos no eran éxitos era "¿Qué tan lejos llegarías si supieras que no puedes fallar?". Así que mejor guarda tus energías, que ya las necesitarás para la creación del siguiente video, con renovada fuerza y entusiasmo.

15. Terminar de publicar el video

Como último paso, no dejo ningún detalle pendiente del video que he publicado, para tener la mente fresca y comenzar así el ciclo de nuevo.

Como resumen de este proceso te diría que, si a ti mismo no te gusta tu video, es muy probable que a los demás tampoco les encante. Así que siempre debe ser primero aprobado por tu persona.

Uno de mis valores es que la calidad debe ser antes que la cantidad y, normalmente, esta es la regla en la vida; sin embargo, "tristemente" en YouTube muchas veces funciona al revés; es decir, es más premiado quien sube videos más seguido, aun cuando estos sean de producción en masa. Mi recomendación es que no te frustres por esto y mantengas siempre una calidad que te haga sentir satisfecho, pero sin decepcionarte si a un video magnífico no le fue tan bien como esperabas.

En mi caso, en cada video siempre doy todo de mí, y mantengo una calidad que me hace sentir orgulloso, lo cual generalmente implica mucho,

pero muchísimo trabajo en esta plataforma. Por lo cual, un consejo que quiero darte es que, si apenas estás iniciando como creador de contenido, quizá no te convenga comenzar en YouTube. "¡¿Quéeee?!", seguramente estarás exclamando. Sí, *crack,* esto suena muy extraño, puesto que acabo de enseñarte y recomendarte muchos *tips* para aumentar tu alcance en la plataforma. Lo que quiero decirte es que puedes comenzar sin tanta presión en otras redes sociales mucho menos demandantes, como TikTok, y cuando ya tengas una audiencia, migrarlos a YouTube. Incluso puedes intentar las dos al mismo tiempo, pero al inicio te sugiero que elijas una plataforma en la cual no importe tanto el número de tus seguidores y donde casi cualquier video puede hacerse viral.

El equipo (SETUP) que requieres para comenzar

Para que empieces tu carrera como *youtuber* te daré esta recomendación: inicia con lo que cuentes, ya que, si esperas hasta tener el mejor equipo, lo más probable es que nunca arranques.

Para que te hagas una idea más realista de esta frase, te relataré cómo fueron mis inicios como *youtuber*.

Cuando tenía trece años recibí un iPad de regalo de Navidad. Me emocionó mucho tener mi propia tableta, sobre todo cuando descubrí que con esta podía grabar, de manera que mi amigo y yo nos grabábamos haciendo bromas y en general creábamos pequeños videos de mi día a día, y fue así como se me ocurrió la idea de comenzar a subir mis videos a la plataforma. Cabe decir que estos no pasaban por ningún proceso de edición, incluso los subía sin título o con uno muy obvio y aburrido, algo del tipo "Jugando con mi amigo". Tampoco les agregaba etiquetas y, en cuanto a la miniatura, simplemente asignaba la que YouTube sugería por defecto.

Tiempo después se me ocurrió por querer mejorar la calidad y seguir aprendiendo, colocar efectos de sonido a mis videos, música emocionante y otros elementos que llamaran la atención, y me di cuenta de que eso no podía hacerlo todo en mi tableta, ya que tenía que hacerse en un programa de edición de video desde la PC. Te recomiendo constantemente consumir contenido de la plataforma, ya que es la única manera de tener un punto de comparación y seguir mejorando. Ahora ya es posible editar un video desde una tableta, pero antes era más complicado.

Naturalmente para esto requería un equipo con más capacidad, así que comencé a editar usando la *laptop* de Fer, mi hermana mayor, la cual me "prestaba" durante ciertos momentos. Era una computadora portátil muy sencilla, que era básicamente para sus tareas escolares, y que yo podía usar solo cuando ella no la estaba ocupando. Ese era un gran problema, ya que mi hermana casi siempre quería tenerla a la mano para estudiar, de manera que generalmente tenía que desvelarme para terminar de editar mis videos. En ese tiempo empleaba una aplicación gratuita llamada Videopad, que no era muy complicada, aunque debido a que la *laptop* no era muy poderosa, a veces se me apagaba porque la saturaba de comandos. Y lo peor es que esto a veces ocurría cuando el video ya se estaba renderizando, es decir, luego de tres o cuatro horas de arduo trabajo. Eso me ponía muy mal, triste y furioso; primero, por todo el tiempo perdido, y, segundo, por no poder tener mi propia computadora para dedicarme a mis proyectos.

Sin embargo, mi ilusión era compartir los videos de mis partidas que jugaba en Xbox, y se me ocurrió que con mi iPad podría grabarlas, ja, ja, o sea que ponía el iPad en una silla, a mi lado, y grababa la pantalla de mi televisión. ¡Y ya te imaginarás cómo se veía el video! Puedes buscarlo en YouTube como "Sube de Rango en Halo Reach con estos tres pasos".

A pesar del resultado no me desmotivé, así que me puse a investigar cómo podía resolver esta situación y fue así como averigüé que necesitaba un dispositivo llamado capturadora de video. Esto me generaba emociones encontradas, ya que había encontrado la solución, pero no tenía el dinero para acceder a ella, así que se me ocurrieron dos ideas: salir a vender pastelitos en mi privada y revisar mi recámara en busca de cosas que podría vender. Desde entonces comencé a ahorrar también todos los domingos que mis abuelitos me daban. A pesar de todo, y luego de mucho esfuerzo, al final solo pude juntar algo de dinero. Entonces me propuse hablar con mi papá. Él siempre fue muy buena onda conmigo y me apoyaba en mis proyectos, me escuchaba, aunque no solía darme dinero para esto. No obstante, en aquella ocasión, viendo mi determinación y los retos que había superado para lograr mi meta, sí decidió aportar el dinero que me faltaba (como la mitad, je, je) y así pude finalmente comprarme la muy anhelada capturadora. ¡Guau, vaya diferencia que hizo! Ahora sí podía grabar mis partidas directamente en la computadora de mi hermana.

Al pensar en aquel momento una gran sonrisa se me forma en el rostro, ya que siempre he hecho todo con mucha ilusión, aunque al principio no tenía los medios necesarios para conseguir mis objetivos.

Ahora te lo comento porque en el camino he descubierto que existen cuatro clases de *cracks* que buscan ser *youtubers*:

Aquellos a quienes sus padres les compran todo.

Los que no tienen, pero solucionan.

Los que no quieren, aunque puedan.

Los que no pueden, aunque quieran.

No tengo nada en contra de quienes tienen todo desde el principio. En mi caso, no comencé con el set completo regalado, por lo que mi recomendación es que uno siempre debe trabajar por lo que quiere y conseguirlo por sus propios méritos.

Aunque ya tenía la capturadora, que era la más básica del mercado, por supuesto, yo seguía batallando por la cuestión de la computadora, ya que debido a los requerimientos cada vez se apagaba de manera más frecuente por el sobrecalentamiento de los componentes, lo cual no me hacía nada feliz, ni a mi hermana tampoco, ya que ella tenía que usarla para sus deberes y a veces tardaba mucho en encender. Esto me frustraba muchísimo, ya que veía que mis cuatro horas invertidas en el video desaparecían por arte de magia cuando el dichoso aparato "se moría". Y lo peor era cuando se apagaba y ya estaba a punto de concluir la eterna renderización del video. La verdad, varias veces pensé en "tirar la toalla" porque ya estaba desesperado, así que me arrojaba sobre mi cama para olvidarme del asunto, pero a los pocos minutos ya estaba pensando en cómo podría resolver el problema, ja, ja.

Seguí haciendo mis videos lo mejor que podía, grabándolos desde mi Xbox y narrándolos con el micrófono de la *laptop*, lo cual hacía que mi voz se escuchara con el típico sonido electrónico con poca claridad.

En ese tiempo tampoco salía yo en mis videos, por lo que me pareció una buena idea adquirir una *webcam* para poder grabarme. Cuando por fin pude comprarla, naturalmente no era la mejor cámara del mundo y me veía muy poco nítido, aunque "algo es algo", pensaba. Y también me ponía mucho a analizar cómo podría resolver el asunto del micrófono, para que mi voz se escuchara mejor. Llegado a este punto estoy seguro de que debí pensar primero en mejorar mi voz con el micrófono y luego ver lo de la *webcam*, porque las personas son más tolerantes con un video que tal vez no sea de la máxima calidad, pero sí son muy exigentes en que el video tenga buen audio. ¡Un video con un audio malo es abandonado en instantes!

Reitero que yo no ganaba nada de YouTube, y todo lo hacía por pasión, de manera que ahorraba todo lo que podía: un dinerito de Navidad o de cumpleaños. Lavando carros y cortando el pasto.

Finalmente pude comprar mi micrófono. Este micro no era el mejor del mercado, ¡aunque mi voz ya se escuchaba mejor que con el micro de la laptop!

Poco tiempo después tuve otro golpe de suerte. Ocurrió que en la empresa de mi papá iban a dar de baja una PC, ya que ellos requerían un equipo de mayor capacidad. Inmediatamente les rogué que me la regalaran, pues de lo contrario se iría a la basura. Cuando la tuve en mis manos estaba muy contento, pues ya tenía un equipo disponible para mí, sin afectar a mi hermana y con él tardaría menos en editar y en renderizar los videos, así que comencé a tomar más en serio mis tardes de grabación.

Esta PC que les platico venía con su propio monitor, aunque no incluía ratón ni teclado, así que ésa fue mi siguiente meta.

Todo esto se los comento porque es muy bonito cuando uno, por su propio esfuerzo, va adquiriendo lo que necesita. Así puedes darle el justo valor a lo que se tiene y te encariñas con tu equipo, porque es *tuyo*; es producto de *tu esfuerzo*.

Snowball
MICRO
Merry
Christmas

Otro asunto que también realmente padecí fue el del internet; por entonces el internet del cual disponía era el familiar, de línea de cobre y no de fibra óptica, lo cual hacía que no solamente tardara muchísimo en subir mis videos, sino que al jugar en línea a veces las escenas se quedaban congeladas o se reiniciaban cuando alguna acción ya había ocurrido, dejándome perplejo y enojado, pero era lo que había.

Por más de dos años continué con mi Xbox, la PC regalada del trabajo de papá, y el micrófono, la capturadora y la *webcam* que había comprado con tanto esfuerzo. Hacía lo mejor que podía mis videos y esperaba lo mejor.

A la par, seguía usando solamente programas gratuitos para editar, ya que no tenía los recursos para adquirir las versiones de pago, así que me hice experto en sacarles todo el provecho que podía. Y cuando venía alguna fiesta de cumpleaños, les "sugería" a todos que si querían regalarme algo me regalaran una *webcam* o un micrófono, y les expresaba "discretamente en voz alta" el modelo que sería bueno que me regalaran, ja, ja.

Como decidí dedicar casi la totalidad de mi tiempo libre a ser *youtuber*, poco a poco comencé a generar algunos ingresos, los cuales ahorraba completamente para poder mejorar la calidad de mis equipos, sobre todo la PC, que ya estaba "en las últimas" y que soñaba con actualizar. De manera que, después de un tiempo de arduo esfuerzo pude reunir la cantidad de dinero que necesitaba para comprar una PC *gamer*.

Vale la pena mencionar que, antes de hacer alguna compra, siempre investigaba al máximo cuáles eran las mejores opciones y qué era lo mejor que podía comprar con el presupuesto con el que contaba. Es

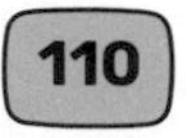

decir, no podía darme el lujo de "regarla" en una mala elección, y menos cuando de la compra de una nueva PC se trataba.

Debo decir que esto no lo hice solo. Quiero aprovechar el momento para enviarle otro gran saludo a mi amigo Max, quien siempre estuvo ahí para mí, aun cuando no debía o simplemente no era su responsabilidad. ¡Te quiero, bro!

Con relación al tema, puedo comentar que hay dos clases de equipos: las computadoras portátiles y las PC de escritorio. Personalmente yo no recomendaría las *laptop* para actividades de *youtuber*, puesto que al tener un espacio reducido no tienen la potencia que el trabajo requiere. Quizá sean útiles para estudiar, para hacer trabajo ordinario de oficina o para llevarlas al café, pero no tienen gran capacidad para las tareas que exige un *youtuber gamer*.

Ahora, respecto a las PC de escritorio, existen de dos tipos: las que ya te venden completas (como las que uno puede adquirir en tiendas de tecnología, grandes papelerías e incluso en un supermercado) y las PC armadas, las que puedes ensamblar tú mismo de acuerdo con tus necesidades.

Mi sugerencia es que armes tu propia PC, que la vayas ensamblando de acuerdo con lo que necesitas, pues a los equipos prefabricados difícilmente puedes hacerles mayores modificaciones ni "escalarlos" en su capacidad ni potencia.

Saber esto es muy importante, pues cuando uno entra en una gran tienda de tecnología queda impactado por los anaqueles atractivamente decorados con los equipos *"gamer"* ensamblados de fábrica, con sus luces de neón, sus teclados retroiluminados y sus deslumbrantes descripciones... para el usuario poco conocedor.

Un *gamer* experto sabe que lo que en verdad debe lucir en un equipo son los componentes de alto rendimiento que selecciona, de acuerdo con sus necesidades, para que su PC sea de gama alta, y no se deja impresionar por la carcasa del equipo o por las lucecitas *gamer* del exterior.

Así que, poco a poco fui descubriendo el universo de las PC armadas y sus componentes, lo cual aprendí preguntando con expertos y, particularmente, en tutoriales de YouTube, ya que, reitero, no podía invertir mi limitado capital en un equipo que a la larga no me iba a impulsar como yo estaba buscando que lo hiciera.

Mi sugerencia para este punto es que, si un día vas a adquirir los componentes para armar tu propia PC desde cero, cuides muy bien los siguientes detalles:

- El procesador, que será el cerebro de tu PC.
- La tarjeta gráfica, la cual te ayudará a "correr" diez veces mejor tus juegos; de esta manera dejarás en paz al procesador y también te será muy útil a la hora de renderizar tus videos.
- La memoria RAM, la cual almacena la información que tu computadora usa de forma activa para que puedas acceder a ella de manera rápida.
- La memoria interna, donde se guardará toda tu información.
- La placa madre (motherboard), que es el hub de interconexión de todos los elementos.

Los ventiladores internos para mantener a buena temperatura tu computadora.

La fuente de poder, que es básicamente el suministro de energía.

El gabinete realmente es al gusto de cada quién, ya que será la caja externa que protege toda la computadora.

El monitor o monitores que será lo que reflejará todo como una televisión.

Gradualmente aprendí lo necesario sobre estos componentes y a invertir cuidadosamente en cada uno. Por ejemplo, al seleccionar un monitor supe que, mientras más *hertz* (indican el número de fotogramas que una pantalla puede mostrar al momento) sea capaz de reproducir, mayor será la velocidad de *refresh* (la adaptación de la tasa de refresco de la pantalla a la tasa de fotogramas del juego que se está ejecutando) de los gráficos, y también comprendí que es mejor invertir en un buen procesador que en unas luces de neón para el gabinete. ¡Y todo esto porque no podía darme el lujo de perder mi dinero en una mala compra!

Esto también ocurrió cuando compré unos audífonos. Al principio usaba los que tenía, que venían casi de regalo en la caja de cereal que desayunaba, pero con el tiempo pude adquirir unos mejores.

Fuera del equipo principal, todo lo demás lo considero accesorio, por ejemplo, las luces frontales para grabar un video o un ventilador para el calor. Y siempre recuerda que hay prioridades, por ejemplo, es más importante contar con un buen micrófono que con un teclado retroiluminado o un *"mouse gamer"*.

También aprendí a distinguir las diferencias entre las marcas de productos *profesionales* y las marcas *famosas* que ofertan artículos populares. Los expertos adquieren productos profesionales, aunque no tengan renombre, porque buscan buenos resultados, no satisfacer su vanidad. Porque, debo decirles, que en muchas ocasiones un producto famoso no es el que te dará los mejores resultados.

La clave es que vayas descubriendo qué es lo que realmente necesitas, de acuerdo con tu estilo y personalidad; por ejemplo, algo que me ayudó mucho a mejorar mi rendimiento fue una silla *gamer*, ya que ahí paso muchas horas grabando, editando y transmitiendo. Mi primera silla era normal, luego pude comprar una imitación *gamer* y, finalmente, pude tener una profesional que me envió un patrocinador para hacerle su *unboxing* (abrirla y mostrarla).

También puedes invertir en crear un fondo o decoración atractiva para tus videos. Para muchos sigue siendo parte del *setup*. Usa luces led, colores agradables, carteles que refuercen tu personalidad, juguetes y, si ya cuentas con ella, tu placa de YouTube. ¡Usa tu creatividad para crear un espacio que sea muy interesante! Mi recomendación, reitero, es que comiences con lo que tengas, para que no pierdas tiempo en comenzar. Tal vez hoy puedo permitirme pagar las licencias de *software* como Photoshop o Sony Vegas, pero no siempre fue así; durante mucho tiempo usé las versiones gratuitas de muchos programas. Incluso hoy sigo recurriendo a ellas y a *software* libre, por ejemplo, uso Audacity para editar el audio y OBS para grabar mis videos y transmitir mis directos.

Mientras escribía este libro me puse a hacer la cuenta del costo actual de mi equipo *gamer*, y sumé aproximadamente $105,000.00 pesos mexicanos (MXN), es decir, aproximadamente $5,250 dólares americanos (USD). Estoy seguro de que la cifra real es mucho mayor porque hay que añadir, por ejemplo, todos los cables que se emplean de interconexión, el regulador de corriente o *no-break*, el contrato del servicio de internet y muchos otros accesorios, como las luces (y el consumo mismo de electricidad); y lo comento no para desanimarte, sino para que comprendas que, si yo pude, tú también podrás hacerlo. ¡Comienza donde estés y con lo que tengas a la mano, y construye con mucha emoción tu camino como youtuber!

Capítulo 10

Cómo ganar dinero en YouTube a través de la monetización

Seguramente este capítulo es uno de los más esperados por ti, *crack*, pues a continuación te revelaré todo lo que debes saber acerca de cómo puedes ganar dinero como *youtuber*, tanto a través de ingresos por tu canal, como por aspectos relacionados con este, es decir, por alianzas con marcas o mediante patrocinios que podrás conseguir una vez que tu proyecto se consolide.

Debido a mi experiencia puedo asegurarte que si eres constante y esmerado en tu actividad como creador de contenido, eventualmente el dinero llegará, y no solo eso, podrá convertirse en una fuente de ingresos que te permita cumplir tus sueños, aunque no voy a decirte que esto será rápido. El éxito no se consigue de la noche a la mañana.

En un capítulo anterior ya te comenté que durante los primeros tres años como *youtuber* no gané un solo peso por esta actividad a pesar de que el tiempo que le destinaba todos los días era considerable. Por eso quiero darte ánimo para que no tires la toalla y siempre recuerdes que estás haciendo esto por emoción y por compartir con los demás lo que más disfrutas, es decir, tu *hobby*, tu pasión, y esa es tu primera, y más importante, recompensa. El dinero eventualmente llegará porque, como resultado de hacer lo que más te gusta, muchas personas verán tu trabajo y se sumarán a tu proyecto, siempre y cuando lo hagas con todo tu esfuerzo.

A continuación, voy a explicarte las diferentes maneras en que YouTube paga a sus creadores. Lo primero que debes tener en cuenta es cumplir con ciertos requisitos obligatorios para que tu canal sea apto para monetizar:

1.- **Contar con al menos** mil suscriptores en tu canal.

2.- **Que la suma de tiempo de reproducción de todos tus videos publicados alcance** las cuatro mil horas de visualización.

Cuando cumplas con estos dos requisitos podrás solicitarle a la plataforma comenzar a monetizar tus videos. En ese momento, YouTube te indica toda la información detallada que debes brindar acerca de tu persona: nombre completo, dirección, teléfono y demás datos particulares (los verdaderos, recuerda que este será un contrato con implicaciones reales en el mundo real). También, si eres menor de edad, deberás especificar los datos completos de un adulto, en cuya cuenta bancaria se realizarán los depósitos. Lo ideal, naturalmente, es que anotes la información de tus padres, hasta que cumplas la mayoría de edad y entonces puedas modificar este formulario y comenzar a recibir el dinero en tu propia cuenta (la cual deberás tramitar, por supuesto).

Es importante mencionar que el primer pago no se efectuará sino hasta que acumules el equivalente a $60.00 USD por concepto de reproducción de tus videos, independientemente del tiempo que te tome acumularlo, ya sea dos meses o más de un año.

YouTube es muy preciso y detallado con todos tus datos personales e incluso te envía, desde Estados Unidos, una carta impresa, en físico, con un *pin* de verificación, para que valides que toda la información corresponda a ti e ingreses correctamente esa contraseña en tu cuenta para completar el trámite. Cabe mencionar que esta carta puede tardar de uno a tres meses en llegar a tu domicilio; en mi caso, tardó

tres meses en llegarme, e incluso tuve que apelar con ellos mi solicitud. Mi papá me ayudó mucho durante el proceso, ya que también tenía que aparecer su nombre porque la plataforma tiene que confiar en un adulto. En otras palabras, si eres menor de edad, simplemente no puedes hacerlo solo.

Una vez completado el trámite puedes permitir anuncios en los videos de tu canal y comenzar a monetizar por concepto de publicidad.

Aquí seguramente me preguntarás: Oye, RoTrex, ¿y qué ocurre en el caso de los videos súper mega virales, esos que durante unos días hacen que explote el internet? ¿Esos videos súper virales dejan bastante dinero?

Mi respuesta es que cada caso es diferente pues depende de ciertas variables. Imaginemos que quien subió ese video es una persona que recién abrió su canal. Al ser un video viral seguramente podrá cumplir pronto con una de las condiciones, que son las cuatro mil horas de reproducción, pero podría ser que quizá su canal no cumpla con la otra condición, que es contar con al menos mil suscriptores. Ahora, supongamos que sortea estas dos condiciones, sin embargo, todavía faltaría solicitar a YouTube la monetización del canal y recibir la carta impresa con la contraseña para completar el trámite, lo cual toma bastante tiempo. Entonces, lo más probable es que para cuando se cumplan todos los requisitos, el *hype* del video haya pasado de moda, ya no sea mega viral y quizá ya nadie siquiera se acuerde de él. Así que mi recomendación será siempre que busques un crecimiento *orgánico* en tu canal; será a través del crecimiento gradual y sostenido que lograrás recaudar dinero, y si en este proceso llegas a tener un video súper viral que rompa

el internet, ¡muchas felicidades!, aunque sí quiero decirte que eso es muy raro que llegue a ocurrir.

Recordemos que la forma en que YouTube hace dinero es cobrando publicidad a los anunciantes, así que, para que tengas resultados correctos, tus videos deberán estar por arriba de los ocho minutos de duración, pues si son demasiado cortos YouTube solo te dejará poner dos tipos de anuncios, que son los menos redituables.

Veamos cuáles son los diferentes tipos de anuncios:

Anuncios de display

Son los anuncios de imagen que aparecen a través de toda la columna de *display* (visualización), y están a la derecha del video que estés reproduciendo. Únicamente pueden verse en computadoras, no en dispositivos móviles.

Anuncios superpuestos

Los anuncios superpuestos aparecen en un recuadro horizontal en la parte baja de los videos y podemos cerrarlos con un clic; además, dependiendo de la duración del video, pueden "salir" varios anuncios de este tipo en el mismo video. Estos anuncios tampoco aparecen en dispositivos móviles.

Tarjetas patrocinadas

Este tipo de anuncios es el menos común, y consiste en tarjetas acerca de productos que pueden ser relevantes para el tema del video que se está reproduciendo. Las tarjetas aparecen unos segundos y después puedes verlas haciendo clic en el botón de "Más información" que se quedará fijo en la parte

superior derecha del recuadro de visualización. Cuando el usuario interesado da clic/toca las tarjetas será direccionado a la página web de tienda, la llamada *landing page* del anunciante.

Anuncios de video saltables

En los anuncios de video llamados *In-Stream* existen dos categorías: los anuncios que se pueden omitir y los que no.

Los anuncios que se pueden omitir aparecen antes, durante o después del video a reproducir y los espectadores pueden omitirlo luego de cinco segundos. Este tipo de anuncios tienen una duración extremadamente larga y funcionan en computadoras, dispositivos móviles, televisores y consolas de videojuegos. Por esto, lo ideal es que tus videos tengan una duración de entre ocho y doce minutos, ya que así podrás agregar manualmente los anuncios en el minuto y segundo que elijas.

Anuncios de video no saltables

A este tipo de anuncios no podemos darles clic para detenerlos, ni tampoco tienen un botón de "saltar"; generalmente tienen una duración máxima de veinte segundos. Aparecen antes, durante o después del video del creador y funcionan en dispositivos móviles, computadoras de escritorio, televisores y consolas de videojuegos.

En la siguiente imagen te quedará más claro los tipos de anuncios que existen en la plataforma de YouTube, *crack:*

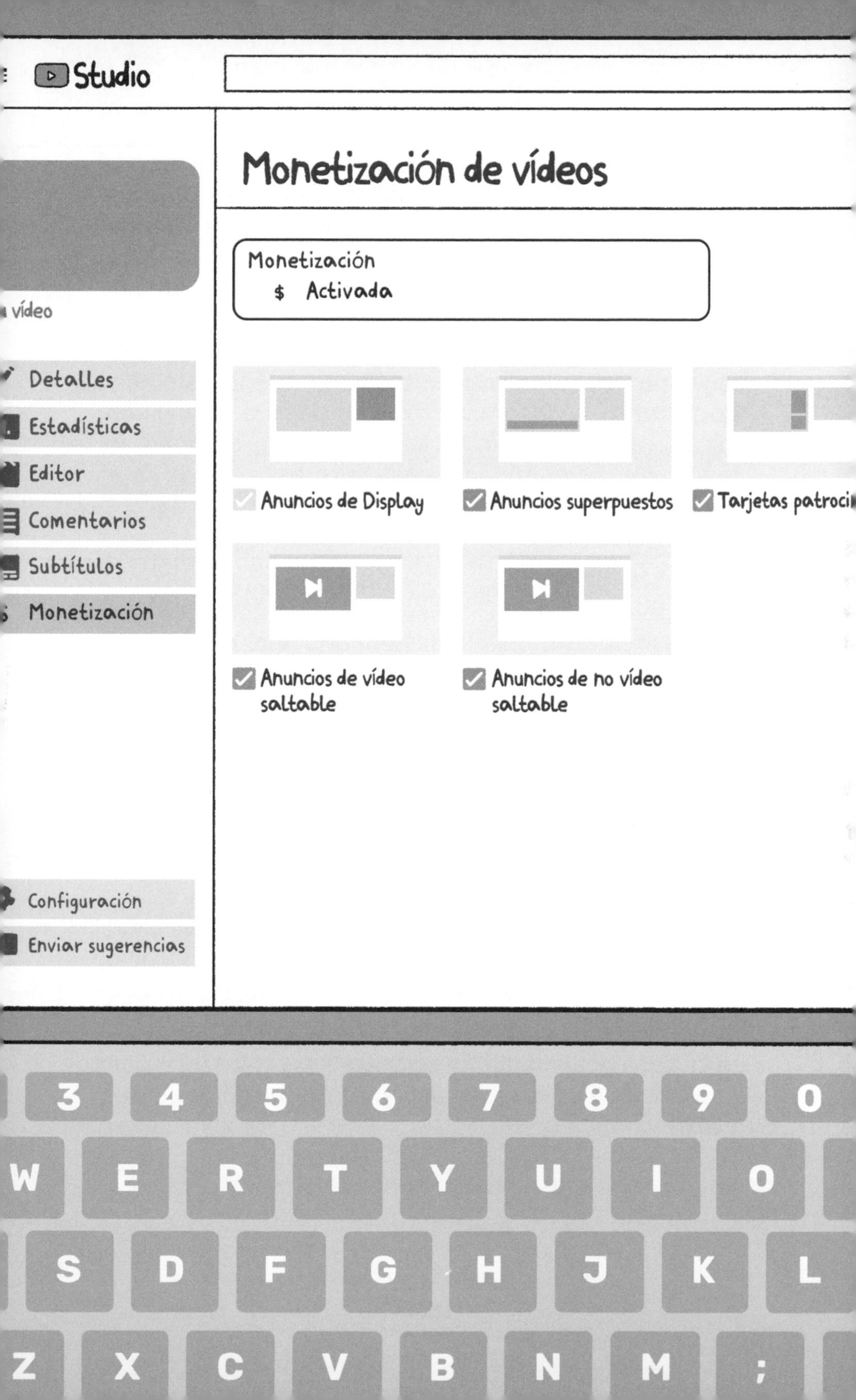

Studio
Monetización de vídeos
Monetización
$ Activada
vídeo
Detalles
Estadísticas
Editor
Comentarios
Subtítulos
Monetización
Anuncios de Display
Anuncios superpuestos
Tarjetas patroci
Anuncios de vídeo saltable
Anuncios de no vídeo saltable
Configuración
Enviar sugerencias
3 4 5 6 7 8 9 0
W E R T Y U I O
S D F G H J K L
Z X C V B N M ;

De acuerdo con información del primer semestre del año 2022, YouTube México paga de $00.25 USD a $2.00 USD por cada mil reproducciones por video, lo cual se conoce como CPM (o costo por cada mil impresiones, por sus siglas en inglés). Evidentemente, los ingresos dependerán de la popularidad del canal, puesto que la tarifa de este CPM es variable; por ejemplo, enero es el mes en que el CPM es más bajo (paga menos) y, por lo tanto, la ganancia es menor porque en ese mes los anunciantes no invierten tanto en publicidad, ya que la mayor cantidad de sus intereses de venta lo concentran en diciembre (pues es cuando la mayoría de personas tienen dinero por cuestiones laborales y deseos de consumo por las fiestas de fin de año) que es el mes con la tarifa CPM más alta de todo el año.

Pero eso no es todo, puedes ganar dinero en YouTube de otras tres maneras:

Miembros del canal

A cambio de un pago mensual, tus suscriptores se convierten en "Miembros del canal" y pueden acceder a ventajas especiales que tú les ofrezcas como incentivo, tales como videos exclusivos o la oportunidad de realizar comentarios únicos durante un directo.

Personalmente, yo no realizo directos en YouTube, porque ya los hago en la plataforma de Twitch, y ahora mismo no me convendría migrarlos porque si comenzara a hacerlo Twitch podría retirarme la opción de ganar dinero y además soy *caster* de vez en cuando de torneos oficiales y no me gustaría perder ese privilegio (sí, las estrategias empresariales están en todos lados). Aunque, indiscutiblemente, los directos en YouTube son una excelente opción para generar ingresos.

Tienda virtual

Otra forma de ganar es a través del *merchandising,* es decir, producir artículos con los distintivos de tu marca —ropa, juguetes, camisetas, sudaderas o algún otro excelente producto, como este libro, *crack,* ja, ja— y venderlos a través de la tienda virtual que aparece debajo de los videos.

Donaciones

Cuando haces directos, la gente puede donarte dinero. Estas donaciones pueden ser desde algo simbólico, hasta cantidades realmente sorprendentes. En una ocasión, en un directo a un amigo le hicieron una donación de ¡$1 000 USD!

La clave para que tu canal pueda monetizarse es que tu contenido siempre sea original, atractivo, interesante y que cumpla con las políticas de la plataforma, lo cual indica que no debes subir videos que presenten desnudos, lenguaje extremadamente vulgar, violencia o discurso de odio, ya que, de lo contrario, YouTube te amonestará con un *strike* (que es una advertencia, ¡como una amonestación en los partidos de futbol!).

Un *strike* es una penalización y vale la pena tener esto en cuenta ya que:

- Si tienes un strike, YouTube no te dejará hacer directos.
- A los dos strikes, YouTube no te permitirá subir videos por un tiempo ni hacer directos, y
- Al tercer strike, YouTube cerrará tu canal y perderás todo lo que has conseguido.

Naturalmente estas penalizaciones pueden apelarse, si es que no son consideradas graves, y hasta cierto punto es posible negociar con la plataforma. Por ejemplo, una vez me levantaron un *strike* porque, al calor del momento y recurriendo a la comedia hice un comentario acerca de ciertos creadores que a mi parecer subían contenido poco interesante y chafa, muy malo, pues, y ¡chale!, uno de los creadores de los que estaba hablando estaba viendo el video y decidió reportarme porque, según esto, yo había realizado un ataque verbal contra algunos creadores, je, je.

Otra sugerencia es que siempre te mantengas atento de los avisos que la plataforma te envía. Estos avisos son, por ejemplo, la actualización de ciertas normas, o bien, ajustes en los términos fiscales y las políticas de uso. Y esto lo comento porque, en una ocasión, por ignorar estos avisos, mi canal dejó de monetizar. Te comento qué pasó entonces.

Una vez tras otra YouTube me había enviado notificaciones a mi canal, que yo había ignorado, hasta que fue muy tarde y me cancelaron la monetización por no aceptar los nuevos lineamientos. Todo lo que tenía que hacer consistía en la lectura de un documento y en hacer algunos ajustes de tipo fiscal, lo cual me tomaría, acaso, media hora, pero no le hice caso por flojo; un error que me sacó durante seis meses de recibir dinero de la plataforma. De manera que, desde cero, tuve que volver a aplicar mi solicitud, hasta que recibí la famosa cartita impresa desde Estados Unidos con la contraseña para restaurar la monetización.

Ahora sí, *crack,* agárrate, porque finalmente te diré cómo me ha ido económicamente como *youtuber*, con números y cifras.

Nunca suelo mencionar ni mucho menos presumir lo que gano, tanto por protección como por seguridad. Pero en este libro busco ser totalmente sincero con ustedes. Recuerdo muy bien que mi primer pago fue de $250.00 USD (unos $5,000.00 MXN), luego de tres años de ardua labor, con mucho entusiasmo y con algunas dificultades que ya te he narrado a lo largo de este libro.

Mi segundo pago fue de $750.00 USD, y para mí fue muy sorprendente, porque era el triple de lo que gané el primer mes.

Y así fueron aumentando los ingresos conforme mi canal crecía. Naturalmente, como ya he explicado, los ingresos tienen cierta variabilidad en algunas épocas del año, por causa del mentado CPM. Debido a esto, podría promediar mis ingresos actuales en $1,500.00 USD mensuales, independientemente de que hay meses más altos y otros más bajos.

Seguramente saber esto te emociona, *crack,* y si te lo digo es para que entiendas que puedes monetizar tu pasión al compartir contenido original en la plataforma de YouTube. Y las buenas noticias continúan, pues puedes ganar dinero también de manera indirecta, cuando ya eres un *youtuber* posicionado.

Marcas comerciales

Otra de las maneras de generar ingresos es a través de las marcas comerciales. Por ejemplo, hay marcas que me han contactado y para quienes he hecho

videos que van desde los treinta segundos hasta un video completo, promocionando los productos que la marca comercializa.

Te puedo decir que me gusta elegir con mucho cuidado las marcas con las que acepto trabajar, y opto solo por las de renombre, pues mi prestigio está en juego. Como criterio general, del 100% de ofertas acepto únicamente un 10%, pues por más que haya dinero de por medio, no estoy dispuesto a promocionar cualquier cosa.

Las marcas que buscarán contactarte son de todos tipos, ligado a tu giro de entretenimiento, claro está. En mi caso van desde audífonos a ropa deportiva y videojuegos; entonces deberás decidir, luego de conocer su calidad, si van contigo y con tu identidad.

Muchas marcas también te pagan las menciones enviándote productos, de los cuales deberás hacer *unboxing* en tu video; por ejemplo, en una ocasión una marca me envió una silla *gamer* para que la presentara en mi canal, lo cual incluyó desde que la desempaqué hasta que mostré sus características y beneficios (claramente tenía menos impacto ya que ahorita esa marca también debería de pagarme una cantidad además de su producto).

En la práctica, la promoción de una marca es muy parecido a cuando un presentador hace un comercial en televisión e incluso en la parte superior del video aparece un recuadro que dice: "Este video incluye una promoción pagada". Sin embargo, no suelo hacer este tipo de videos porque no quiero confundir a mis seguidores y al algoritmo de YouTube.

Asimismo, deberás negociar con la marca la cantidad de dinero que habrá de por medio; en mi caso, lo

máximo que he logrado ganar en una promoción han sido $2,500.00 USD. En este sentido, quiero comentarte que las marcas tienen un presupuesto asignado para promoción, así que, si la primera oferta que te hacen no te convence, siéntete con libertad de decirles que tienen que pagarte más si quieren que los promociones. Verás que luego de algunas negociaciones conseguirás tu objetivo y te pagarán lo justo. Incluso te sugiero que cotices siempre a lo alto, porque así las marcas comprobarán que sabes del tema, y eso será muy bueno pues la promoción va a ser eficiente y dará confianza.

A este respecto, tengo un amigo que incluso tiene una presentación en formato PDF que envía como respuesta cuando una marca le hace saber que están interesados en contratarlo para una promoción. Este amigo incluye en el documento su currículum, donde menciona cuántos seguidores tiene y cuál es el impacto de su canal en cuanto a vistas, así como sus condiciones de trabajo.

Incluso, si te es posible, lo mejor es que alguien responda como si fuera tu asistente, ya que así las marcas verán que te tomas las cosas en serio y también evitarán aprovecharse de ti, si es que estás empezando en estos asuntos de la promoción. ¡No te dejes "chamaquear"!

Es difícil encontrar una buena marca, un acuerdo óptimo y un momento adecuado, porque a veces uno está metido en mucho trabajo. Hay veces que, al realizar la promoción en el video, la marca te hará comentarios acerca de que no le gustó algún detalle, por ejemplo: "No me gustó cómo los invitaste a que descargaran el juego y quiero que lo menciones con más intensidad"; entonces te regresan el video

para que lo rehagas o lo regrabes y, hasta que la marca lo apruebe y cumplas sus políticas, entonces podrás subirlo, aunque esto puede llevar horas o días y provocar que tu video se retrase bastante en su publicación y que, cuando lo subas, ya no sea tan vigente o se pierda el *trending* al cual te querías subir; por eso debes reflexionar muy bien acerca de qué marcas y en qué video tuyo lo eliges promocionar, pues cada una tiene sus propias políticas.

En la cuestión del pago, pueden darse dos opciones:

1.- Que te hagan un solo pago **por toda la promoción.**

2.- **Que te paguen una cantidad** por número de vistas.

Aquí tendrás que decidir, pues en el primer caso ya tienes una cantidad de dinero segura, y, en el segundo caso, esta cantidad podría ser menor o mayor que en el primer caso; así que uno tiene que decidir cuál opción es más conveniente.

Patrocinios

Cuando un *youtuber* está muy bien posicionado, entonces puede ser patrocinado de manera muy similar a como las grandes marcas comerciales patrocinan a deportistas de élite. En este caso, las empresas realizan pagos fijos a cambio de que su logo aparezca en el *banner* de tu canal, que los incorpores en la descripción de tus videos, o bien, que menciones a tus patrocinadores en uno de cada cinco videos.

En mi caso, uno de los patrocinios que tuve fue con Nimo TV, quienes me pagaban mensualmente por hacer directos en su plataforma. Mi acuerdo fue de $2,500.00 USD por ochenta horas de directos mensuales.

Otro patrocinio que tengo es con mi equipo de *eSports* competitivo que se llama Centric Gaming; ellos me pagan $500.00 USD por ser parte de su equipo.

Otras formas de ganar

Twitch también me genera ingresos, quizá no tanto como si hiciera directos en YouTube, pero la hermandad que se da en esta comunidad es incomparable. Además, como ya lo comenté antes, soy *caster* oficial en el canal de *twitchrivals_es* y de vez en cuando capitán de equipo por invitación directa para torneos con muy buenos premios ¡Así que, si aún no lo haces sígueme ahora mismo en mi canal de Twitch, crack!

También recibo una parte de cada compra que los usuarios de Epic Games en Fortnite hacen introduciendo mi código de creador. De ahí me toca el 5% de comisión. Este ingreso es variable, aunque puede haber muy buenos meses. Obviamente esto no aplica si no eres creador de contenido de Fortnite, pero si aspiras a serlo, ya sabes que es una excelente opción.

También tengo ingresos por ser creador oficial de videos para Fortnite LatAm; en este caso, la empresa Epic Games me tiene considerado como un embajador de su marca, junto con otros siete *cracks* en la región, y me pagan una buena cantidad por ello. El acuerdo es de 1,000 UDS por video.

En resumen, ten en cuenta que hay muchas opciones de ingresos, tanto directas con YouTube, como indirectas a través de marcas comerciales o contratos de patrocinio, y lo importante es que explores cuáles de estas coinciden mejor contigo y así puedas diversificar.

Inversiones personales

Quiero comentarte que gran parte de los ingresos que he recibido los he invertido inteligentemente, pues estoy consciente de que hay que pensar en el largo plazo. Siempre repetiré que las tendencias en internet pueden cambiar, y lo que hoy funciona quizá mañana no, así que es mejor cuidar muy bien los ingresos. Y esto lo comento porque algunos creadores de contenido se emocionan demasiado cuando comienzan a recibir dinero e inmediatamente lo queman en lujos, salidas, viajes, pagos de cuentas carísimas en un antro o en comprarse ropa de marca. Y no tiene nada de malo que uno se dé sus gustos, pero sí estoy consciente de que esta carrera tendrá un final.

Por eso yo he invertido en un departamento, el cual me genera una renta de $400.00 UDS mensuales, lo cual es una buena entrada con la que pago parte de la colegiatura de mi universidad (así es, estudio Dirección de Empresas de Entretenimiento).

Muchos papás de mis *cracks* se quedarán muy sorprendidos al darse cuenta de que el ídolo de su hijo, a los veinte años puede estar ganando muy por arriba del salario promedio mensual en su país, tan solo haciendo lo que más le gusta, y compartiéndolo con los demás en la plataforma.

Recomendaciones

Te reitero mi recomendación, *crack*, de que cuando comiences a obtener ingresos de la plataforma cuides tu dinero y tu forma de gastar. Llévatela tranquila en cuanto a los lujos y los gastos de impulso, para que no te pase lo que ocurre a los artistas cuando una de sus canciones se vuelve un éxito. De repente les llegan cantidades muy grandes de dinero que no tardan en gastar en muchas cosas que en pocos años ya no tendrán ningún valor, y a veces hasta quedan endeudados. También recuerda ahorrar para la época de "vacas flacas" (que es cuando los ingresos bajan) y uno tiene que echar mano de los ahorros.

En mi caso, siempre será un gusto invitar a mi familia a cenar, pagar todos los gastos de mi depa viviendo solo y, claramente, todo lo que me toca como adulto "independiente".

Aguas con las estafas

Cuando se empieza a ganar dinero es muy fácil que uno se emocione y sienta que "las puede todas", y esto puede hacer que uno opte por decisiones equivocadas. Yo he tomado algunas que me han hecho perder dinero, aunque también me ayudaron a madurar. Hoy día las recuerdo como experiencias que no debo repetir.

Por ejemplo, en una ocasión vendí un Xbox en Marketplace de Facebook. Lo había comprado a buen precio y se me ocurrió venderlo ahí, para ganarme un dinerito. En realidad, ya estaba ganando bien así que no estuve muy atento al proceso de venta. Una vez que lo "compraron" lo envié, pues me adjuntaron capturas de pantalla de la supuesta transacción bancaria, pero en

realidad no me habían pagado. Cuando me di cuenta ya había hecho el envío, quise reclamar, pero rápidamente me bloquearon y ya nadie me contestó. Repito que por entonces estaba tan metido en la creación de videos que no presté la debida atención al proceso, hasta que me di cuenta de que me habían estafado.

También en otra ocasión me estafaron, y esa vez fue por confiado y poco conocedor. Sucede que en la escuela tenía un "amigo" con gran carisma y mucho don de palabra. Siempre hablaba de dinero e inversiones, de manera que en una ocasión me invitó a ser "inversionista". Me prometió que iba a duplicar mi dinero en un excelente negocio que estaba realizando, así que decidí confiar y transferirle $50.00 USD. A la siguiente semana él me entregó $100.00 USD; es decir, el dinero invertido más la prometida ganancia. Eso me sorprendió, así que decidí doblar la apuesta; él me devolvió entonces $200.00 USD. Estaba tan emocionado que más adelante decidí confiarle $2,000.00 USD con la esperanza de obtener en poco tiempo $4,000.00 USD, pero fue entonces que el chavo desapareció y nunca volvimos a saber de él. Incluso jamás regresó a la escuela. Entonces comprendí que me habían defraudado, de una forma que los estafadores aplican a gente poco madura que se emociona y a quienes les gana la avaricia de las ganancias inmediatas. Ahora sé que no hay ganancias fáciles ni rápidas.

Esto me enseñó también a ser muy discreto con la gente acerca del dinero.

También aprendí que uno debe cuidar lo que es suyo. En mi caso, incluso mi nombre RoTrex está registrado como marca ante el Instituto Mexicano de la Propiedad Industrial. Tengo que admitir que fue toda una verdadera aventura registrar el nombre ya que no tenía ni idea

de cómo hacerlo. Pero con un poco de investigación conseguí un contacto de mi papá que me ayudó. Es un trámite bastante caro, así que realmente solo vale la pena si estás bien posicionado en el medio. La profesión de la persona que te ayudará a este trámite es "Abogado Especialista en Propiedad Intelectual".

Para finalizar este capítulo hay algo que sí te quiero comentar, mi *crack*: como *youtubers* somos capaces de ganar dinero porque tenemos repercusión en la gente, al mismo nivel que lo tiene un actor de cine, un artista musical o un futbolista; esto lo comento porque hay personas que llegan a criticar las ganancias de los creadores de contenido como si estas fueran injustas, incluso indignas, ja, ja, pero esas mismas personas nunca critican a un futbolista que gana muchísimo más, solo por jugar con un balón o a un actor por salir en una película; y tanto el futbolista como el actor ganan eso por la razón de que llenan los estadios y las salas de cine y hacen millonarios a sus patrocinadores. Y ocurre lo mismo con nosotros, como *youtubers*, porque influimos en la gente, ya que nuestros videos pueden ser vistos por millones de personas cada día, y eso es lo que genera los recursos económicos, tanto para la plataforma como para nosotros. Además ¿ya viste que realmente no hay mucha diferencia entre el futbolista y el *youtuber*? Los dos hacen parecerlo fácil, pero al final del día pocos pueden dedicar su tiempo a esa actividad.

De hecho, siempre que recibo comentarios al respecto de este tema "no hacen nada y ganan mucho" respondo con lo siguiente: ¿y por qué no lo haces tú? Me doy cuenta de que nunca tienen respuesta.

Si un profesionista no gana lo que un *youtuber* posicionado, esto no es culpa del *youtuber*, sino por las características del sistema económico que nos rige.

Cómo lidiar con las críticas

Luego de siete años como creador de contenido he podido ver que, si hay algo que puede afectar y hasta derrumbar a los *cracks* que recién comienzan como *youtubers*, son las críticas, porque estas tienen un impacto tremendo en su autoestima.

Para comenzar, quiero decirte que en la vida siempre habrá críticas, y no solamente existirán en YouTube. He podido comprobar que cualquiera puede sentirse con el derecho a criticarte. La mayoría de las veces serán personas que sienten que les está yendo peor que a ti, y no consideran justo el no poder lograr lo mismo que tú. No es probable que las críticas vengan de alguien mejor posicionado, porque esa persona estaría muy ocupada en sus propios asuntos.

Aunque esas personas tengan más años que tú y parezcan más maduras, quiero decirte que igual pueden criticarte. A mí llegaron a señalarme personas bastante más grandes de edad que yo, cuando recién comenzaba y tenía tan solo trece años. Me decían los típicos comentarios del tipo: "Eso de YouTube no sirve para nada" o "YouTube no debería dejar ni dinero". Pero esas mismas personas muy probablemente tenían muchas ilusiones cuando tenían doce o trece años, aunque no se decidieron a realizarlas. Y otras críticas provienen de personas que simplemente hablan por hablar, porque no entienden lo que haces; es decir, la gente se mete en asuntos que ni deberían de importarles.

Por regla general, la gente va a criticarnos por tonterías, quizá para intentar sentirse mejor consigo mismas o para camuflar su propia insatisfacción. Vale la pena tener en cuenta esos análisis para no tomarnos sus comentarios tan a pecho, al final estos hablarán más de ellos que de ti.

Sin embargo, sí quisiera exponer que existe una diferencia fundamental entre una "sugerencia" (generalmente bienintencionada) y una "crítica" (normalmente malintencionada), lo cual ayudará a tener una buena perspectiva de este tema.

Una sugerencia es, por ejemplo, cuando un usuario nos comenta que nuestra voz se escucha con bajo volumen o con poca nitidez. Podrían escribirnos algo como: "Yo te recomendaría que cambiaras de micrófono, ya que podría darle más calidad a tu audio y se te escucharía mejor". Esta es una sugerencia constructiva, ya que nos ayuda a mejorar.

Por otra parte, tenemos las críticas neuróticas, que se dan en un tono muy diferente, aunque abunde sobre el mismo tema. En este caso puede ser que alguien te escriba: "Oye, pinche micrófono feo que tienes, ¿de qué basurero lo fuiste a recoger?, te oyes horrible". Esto no es una sugerencia, es un ataque sarcástico que no busca una mejora en tu trabajo, sino que señala tus defectos y se burla de ellos para denigrarte. ¿Puedes ver la diferencia entre uno y otro?

Pues bien, el problema con este tipo de crítica corrosiva es que puede golpear duramente tu autoestima, porque no esperarías que alguien disfrutara señalándote así tus áreas de mejora. Porque uno está haciendo lo mejor que puede con los recursos con los que cuenta, y uno quisiera solo buenos comentarios. En mi caso, jamás tuve tantas críticas como cuando empecé con mi canal. Por ejemplo, recuerdo que, al llegar a la escuela, ya podía ver las risitas burlonas de algunos de mis compañeros criticando el video que había subido el día anterior. O bien, llegaban a decirme comentarios condescendientes del tipo: "¿Chido tu video, ¿eh?, avísame para darle *like* a tus jueguitos".

O sea, eran críticas que no eran tan duras, pues no llegaban al insulto para que uno los enfrentara con un: "Oye, ya bájale", sino que eran comentarios que tenían la intención de fastidiar, o sea, eran lo que en México decimos "chinga quedito". Lo peor era que, si me enojaba y les reclamaba, entonces yo podía quedar como "el prepotente" y el "creído", así que mejor evitaba responderles. No debes cruzar esa delgada línea por tu propio bien.

También me di cuenta de que la gente hace más críticas cuando uno está empezando, cuando no tienes nada, porque parece que solo estás haciendo tonterías y ante sus ojos eres un *friki* o un bobo de internet que simplemente está perdiendo el tiempo en "actividades inútiles". En mi caso, no quisiera juzgarlos ya que, hasta cierto punto, entiendo que se veía raro lo que yo hacía, pues era el único enfrascado en esa búsqueda. Las cosas nuevas siempre incomodan.

A veces, cuando recibes críticas destructivas puedes pensar que alguien enciende un potente reflector sobre tu cabeza y comienza a provocarte diciendo: "Mírenlo, obsérvenlo, hagamos que saque lo peor de sí". Y todo de repente, cuando antes ni siquiera existías, pues no eras el centro de atención. Incluso te puedo decir que, en mi caso, pude notar cómo, de un momento a otro, las chicas comenzaron a rechazarme, pues mi reputación se había visto manchada. Y todo por hacer mis videos.

Puedo decirte que tuve dos etapas de críticas; una fue de los trece a los dieciséis, cuando eran críticas presenciales, de gente que me conocía; y otra etapa de los dieciséis a la actualidad, que son críticas virtuales, es decir, que usuarios las escriben como comentarios en mi canal.

Que video tan malo!
TONTO!
$#/&"

De la primera etapa recuerdo dos anécdotas, te las comparto:

La primera fue en primer grado de secundaria, durante un campamento escolar. Estábamos en el comedor principal y, en una mesa junto a una columna, había una tableta para poner música tranquila en todo el lugar, de manera que todos nos sintiéramos cómodos y en ambiente. Resulta que en ese entonces yo no tenía celular, así que se me hizo una buena idea tomar la tableta un momento, porque quería ver cómo iba mi canal, y, por accidente, le di reproducir a uno de mis videos, por lo que este comenzó a escucharse en todo el comedor. Yo nunca quise quitar la música y menos darle inicio a mi video, todo fue un error, pero en eso llegó un compañero más alto que yo y casi me insultó: "Oye, no andes poniendo las mamadas de tus videos", me arrebató la tableta y volvió a poner la música. Yo me quedé helado, podía sentir las miradas de todo el mundo, así que muy apenado regresé a mi lugar. Me sentía muy mal por haber quitado la música y que pensaran que lo había hecho a propósito, para ganar notoriedad o para obligarlos a seguir mi proyecto en YouTube. Simplemente no tuve oportunidad de explicarme. En fin, como ya lo dije, por una razón u otra, todo el tiempo había una especie de gran reflector sobre mi cabeza.

15:00 / 45:00

La segunda anécdota que recuerdo ocurrió en tercero de secundaria. En aquella ocasión fue en clase de computación. Cuando ya iba a comenzar la clase, algunos de mis compañeros, sin que me diera cuenta, pusieron mis videos en todas las computadoras del salón con el propósito de exhibirme y ridiculizarme. Seguramente ellos creían que lo que yo hacía no tenía mérito o era tonto, y querían imponer ese punto de vista sobre los demás compañeros. Pero lo peor fue que no lo hicieron una sola vez, sino que en repetidas ocasiones mis videos estaban reproduciéndose al comenzar la clase. Y todo con el afán de molestar.

22:30 / 45:00

En esas ocasiones mis compañeros volteaban a verme y con risita burlona me preguntaban: "¿No te da pena?". Y ¡claro que me daba pena!, aunque lo que más sentía era molestia. Su intención era burlarse de mí y la verdad es que me afectaba demasiado, porque en ese momento yo no tenía nada, no ganaba un peso y solo 500 personas seguían mi canal; la gente me veía como un bicho raro que estaba perdiendo el tiempo en un sueño ridículo que nunca se iba a cumplir.

En la preparatoria alcancé la segunda etapa que les mencioné, el número de críticas presenciales disminuyeron, pero crecieron los señalamientos de usuarios de la gran red. En realidad, cuando comencé no tenía críticas en mi canal porque casi nadie veía mis videos y mucho menos los comentaban, pero conforme aumentó el número de suscriptores todo cambió. Aumentaron los comentarios y comenzaron las críticas. Aquí algunos ejemplos de críticas que en verdad me escribían, las organizo de menor a mayor intensidad (y alarma):

- Ja, ja, ja, el youtuber X es mejor que tú.
- Veo el canal del youtuber X porque la neta el tuyo está horrible.
- No he visto un video tan malo como el tuyo.
- Eres malísimo, es el peor video que he visto.
- Ojalá te mueras.
- Te voy a encontrar y te voy a partir la cara.
- Si te veo por la calle te voy a matar.

Seguramente estos últimos comentarios los escribían niños pequeños que solo querían hacerse notar, ja, ja, ja, pero entonces yo no tenía manera de evaluarlo así. Esos comentarios me entristecían y me asustaban.

Poco a poco aprendí que hay personas que solo hablan por hablar y esto me ayudó a tener una "piel de cocodrilo", la cual ya no era traspasada por las críticas, y, sobre todo, cuando entendí que hay una regla casi infalible en los comentarios: el 90% son positivos y el 10% son negativos, hagas lo que hagas y trátese de lo que se traten tus videos.

Puede también darse el caso de que un comentario negativo comience a acumular *likes* y que algunos suscriptores se sumen para apoyarlo. Esto puede ser por dos motivos: el primero es porque hay muchas personas que son como zombis andantes, y si ven *dislikes* y comentarios negativos se sumarán a ellos como borregos. Hay gente que no sabe lo que quiere y únicamente opina lo que otra persona dice. Y, segundo, puede que sí sea una señal de alerta de que algo no anda bien. Repito que lo normal es recibir 90% *likes* y un 10% de *dislikes* y críticas en el video, eso es lo habitual, aunque si ves más comentarios negativos

que positivos, entonces revisa lo que estás haciendo (a menos que tu contenido sea muy controversial y esa sea tu intención desde un principio).

Sin embargo, sé de muchos *cracks* a quienes ese 10% de comentarios negativos puede hacerlos enojar mucho, o bien deprimirlos sin remedio. Tal vez no me lo creas, pero al principio uno les da un peso enorme a los comentarios negativos, así sea solo uno entre un mar de palabras de aliento.

Mi recomendación es que ignores ese 10% de comentarios negativos porque siempre estarán ahí. La mayoría proviene de gente envidiosa, y no es un indicador de que algo esté mal en el video, no son críticas verdaderas, sino el resultado de cierto resentimiento de *haters* que solo quieren fastidiar, repito, aun cuando el video esté excelente.

La intención de los *hater*s puede ser:

1.- Hacerte enojar, para que les respondas en el mismo tono, y así ellos tengan una justificación para seguir fastidiando, ahora bajo el motivo de que "no aguantas nada".

2.- Lograr que abandones. Este es el sueño de algunos inadaptados, su ideal o meta, así que no les brindes esa satisfacción.

Nunca te enganches con los *haters* porque, primero, si les respondes les das gasolina para que te sigan incendiando y, segundo, porque si les prestas demasiada atención puedes descuidar del 90% de tus seguidores que se sienten complacidos con tu trabajo.

Reitero que cuando descubrí que, hagas lo que hagas, ese porcentaje de *haters* siempre estarán

acechando para fastidiarte, fue cuando dejé de prestarles atención porque me di cuenta de que, si los ignoras, simplemente se aburren y se van.

De verdad no lo puedo creer ¡pero las críticas que antes me incomodaban, ahora ya no me hacen efecto! Incluso algunas reacciones de los *haters* hasta me dan risa. Por ejemplo, hay veces que subo un video y no han transcurrido ni diez o veinte segundos cuando ya alguien dejó su *dislike*. O sea, ¡ese usuario ni siquiera lo ha visto, pero ya quiso hacerse notar con su "manita abajo"! En realidad, no puedo imaginarme a alguien que esté tan al pendiente como para reaccionar casi de manera automática a lo que uno hace, sin embargo, así es la poco interesante vida de los *haters*, ja, ja, ja.

Reconozco que sí había algunos comentarios que me hacían sentir profundamente irritado, y eran los que estaban dirigidos a las personas que quiero. Por ejemplo, cuando mi hermana Zaza me acompañaba a hacer los videos, nunca faltaba el *chistosito* que comentaba algo muy vulgar o grosero sobre ella. En esos momentos pensaba: "Métete conmigo, pero a mi hermana déjala en paz. Seguramente tienes hermanas y no te gustaría que alguien te escribiera algo así, ¡cabrón!". Y procuraba borrar esos comentarios para que mi hermana no los leyera y se sintiera incómoda. Incluso, aunque no es mi costumbre, a veces sí llego a bloquear a los más majaderos o vulgares, aunque eso solo ha sido en casos extremos. Te recomiendo platicar con tus padres cuando te sientas triste o enojado por este tipo de situaciones. Nunca te guardes nada para ti, ya que hay muchas personas con las que puedes platicar y que te ayudarán sin dudarlo.

Hablando de mi persona como espectador, puedo decirles que ni cuando era pequeño fui alguien criticón o que hiciera comentarios negativos en los canales de los *youtubers*; si el video no me gustaba, simplemente lo detenía y ya, pasaba a lo siguiente, jamás me tomaba el tiempo de escribirles alguna grosería, porque sabía de primera mano lo que las palabras pueden dolerle a un chico de doce años.

Te lo reitero, *crack*, no dejes que los comentarios negativos afecten tu ánimo, incluso aunque de ese 10% el 1% realmente parezca odiarte: ignóralos. Son los inadaptados que te escribirán "Ojalá que te mueras", así que no los peles, ya que es su forma de desquitarse del mundo por los pobres resultados que quizá están obteniendo en su vida. Cuando entendí esto, las críticas de YouTube dejaron de importarme, ya no me las tomé personal, pues me di cuenta de que, así como podían dirigirlas a mí, podían dirigírselas a cualquier otro *youtuber*, como quien hace "copy paste".

Si no estás alerta, un comentario negativo puede quitarte el ánimo para el resto de tu día, disminuyendo así tu entusiasmo para crear contenido, por eso sé que es un problema muy grande para muchos.

Repito que el propósito final del *hater* es hacer que abandones. ¡No le des el gusto de que lo consiga!

Es cierto que al principio las críticas le pegan durísimo a uno, aunque reitero que poco a poco irás creciendo esa protectora piel de cocodrilo. Es más, si al principio no la tienes, finge que sí y compórtate como si ya te protegiera. Verás que un día esa piel habrá crecido y las críticas desaparecerán de tu radar.

También hay algo muy chido que descubrirás, y que es lo opuesto a los *haters*. Son los comentarios positivos que algunas personas comienzan a hacerte en el canal, como: "Tu canal es increíble", "Siempre me levantas el ánimo", "Deberías de recibir más apoyo" o "Tus videos son chidísimos, ya deberías tener dos millones de subs".

Otra recomendación que quiero compartirte es que siempre aprecies lo que hagas, y por eso te platicaré algunas anécdotas.

Hace algún tiempo, mi autoestima y mi autoimagen eran frágiles. Por ejemplo, cuando estaba en la prepa recuerdo que no me sentía muy orgulloso de lo que había logrado; es decir, me daba pena que me dijeran RoTrex en lugar de Rodrigo y les pedía que ignoraran esa otra faceta de mí en la escuela. Incluso aunque algunos ya sabían que me iba bien económicamente y que tenía buenos resultados en mis proyectos, yo no quería sentirme diferente, no quería ser excluido; quería tener amigos y novia, y no que me trataran distinto.

Hoy puedo comprender que la gente se da cuenta cuando uno no se siente orgulloso de lo que tiene o hace, y seguramente piensan: "Si él mismo no está orgulloso, si él mismo no se quiere, ¿cómo voy a quererlo yo?". Es decir, mi gran error de esa época fue que, en lugar de sacar ventaja de lo que había logrado y de mostrar mi lado interesante, trataba de ocultarlo rogándoles que no me siguieran en mis redes sociales, puesto que así verían que estaba subiendo videos, y yo no quería que se enteraran, pues me imaginaba que iban a burlarse. Con esas acciones lo que en realidad hacía era confesarles que me daba *vergüenza* lo que hacía. Hoy pienso que, en lugar de actuar así, hubiera sido mejor aprovechar para grabar videos de TikTok y vlogear con mis amigos de la escuela, con el doble propósito de promover mi canal y dejar sorprendidos a mis compañeros.

Recuerdo que, en una ocasión, estaba junto a dos cuates que eran "los divertidos" del salón. Recién había subido una foto a mi Instagram, donde mostraba una sonrisa picarona, la cual ya había reunido un buen número de comentarios de mis seguidores, casi todos niños, comentando "Te quiero mucho", junto con una imagen de Fortnite. Cuando los dos chavos populares vieron esa foto y leyeron los comentarios, comenzaron a reírse de mí: "La neta, si solo vas a andar atrayendo niños y no puedes ligarte a una sola chica, entonces lo que estás haciendo no sirve para nada". ¡Madres!, pensé, *buen punto*. Y eso me hizo reflexionar que ese par de tipos no eran mejores que yo, pero se sentían orgullosos de lo que eran. No estoy diciendo que el *bullying* sea algo bueno, para nada. Pero a lo que quiero llegar es que su autoestima, su energía y su autoconfianza hacían que pudieran atraer fácilmente a las personas, a diferencia de lo que yo estaba haciendo. Eso me hizo pensar mucho acerca de que, si a esa edad hubiera tenido autoestima y hubiera mostrado con orgullo mi canal, todo habría sido diferente.

Otra anécdota que me ocurrió fue cuando quería ser amigo de un chico que era súper popular en la escuela. Él era uno de esos típicos "galanes de prepa" que traen a todas las chavas tras de sí; era más alto y fuerte, no podría decirse que fuera feo y tenía siempre buena actitud.

—¿Qué pedo, RoTrex? —me decía él cuando me veía.

—¡Ey!, por favor, ya no me digas RoTrex —le pedía yo.

—Ok, va.

Y al otro día hacía lo mismo, solo para fastidiarme, hasta que un día, pues ya me tenía cansado, le dije que ya había tenido suficiente de su actitud. Ese día el chavo estaba en compañía de otro chico "popular" que también me molestaba, y les dije:

—Oigan, ya no me digan RoTrex, díganme, Rodrigo, porque cuando conozca a una persona nueva quiero que me presenten como Rodrigo, no como RoTrex.

Cuando escucharon eso, ambos se miraron y se echaron a reír burlonamente.

—Ja, ja, ja, hasta crees. A ti no te presentaríamos con nadie...

30:00 / 45:00

Cuando escuché esto, me sentí profundamente humillado. Nunca imaginé que ellos me tuvieran en tan bajo aprecio. La verdad, de momento no lo pude procesar bien, y ni siquiera pude defenderme. Probablemente era una broma, porque eran muy sarcásticos con toda la escuela, pero yo no lo tomé nada bien.

Esto me llevó a reflexionar que, efectivamente, al no quererme yo mismo ni valorar mi proyecto, era natural que los demás tampoco, por lo que uno de mis primeros pasos fue empezar a valorarme y

reconocerme como el único creador de contenido de YouTube de mi escuela. El único RoTrex.

También empecé a trabajar más conmigo mismo, me puse a hacer ejercicio, elegí un corte de cabello que me gustara, comencé a mostrar con orgullo lo que hacía a mis familiares y amigos cercanos, y ya no me daba pena que vieran mis videos a mi lado, o sea, comencé a mostrar con aprecio mi *hobby*, mi trabajo y mi pasión. Y, neta, desde que empecé a mostrarlo con orgullo, algunos de los que se burlaban de mí ya me están buscando, y a otros ya los perdoné y hasta somos amigos.

Por eso siempre le diré a mis *cracks*: Evítense todo esto, quiéranse a sí mismos y no les hagan caso a las críticas, porque solamente tienen la intención de bajarles el ánimo o de afectarlos, y la intención de este capítulo de mi libro es evitarles esto.

No vale la pena prestar atención a la gente que critica; quiéranse y siéntanse orgullosos de lo que están haciendo, porque si no lo creen, nadie les va a creer.

Si están comenzando su proyecto en su canal, tómenselo con orgullo, puesto que no toda la gente se atreve a hacerlo. Valídense y no estén esperando la aprobación de los demás.

Un día en la vida de Rodrigo

Como te comenté en otro capítulo, *crack,* los *youtubers* tenemos, por así decirlo, dos personalidades. En mi caso, una de esas es RoTrex, tu *youtuber* favorito, que sale frente a la cámara mientras juega y graba *gameplays* con gran entusiasmo. Y mi otra personalidad es Rodrigo, el chico de veinte años que tiene muchos sueños e ilusiones, múltiples amigos, ama a su perro Ares, estudia una carrera universitaria importante y pasa buenos momentos con su familia. Así que en este capítulo te platicaré cómo es mi día a día siendo yo, Rodrigo.

Mi semana comienza el lunes a las seis y media de la mañana, cuando suena la alarma y me levanto de la cama rápidamente para comenzar una nueva semana de estudios acompañada de mi *hobby* y trabajo como *youtuber* y *streamer*. Lo primero que hago es asearme los dientes, peinarme y cambiarme la pijama.

Suelo comer algo práctico y nutritivo, y, desde hace tres años, tengo por costumbre desayunar diariamente dos huevos estrellados que, ya con la práctica, me quedan espectaculares. También me gusta la fruta y el cereal.

Tomo las llaves de mi carro y me voy directamente a la universidad, que me queda a tan solo 5 minutos, ya que decidí mudarme muy cerca. Mis horarios escolares pueden ser muy variables así que a veces regreso antes de la comida, después de la comida o mucho más temprano.

Debido a que mi "oficina/estudio de grabación/recámara" está en mi casa, no pierdo tiempo en desplazarme nuevamente, lo cual es una gran fortuna.

Ya en mi cuarto dedico todo el medio día a grabar mis *gameplays* y videos que enviaré a mi equipo de producción, iniciar mis directos por Twitch y hacer lluvias de ideas de los nuevos contenidos por venir. ¡Es un momento espectacular! Tal vez no lo imagines, *crack,* pero cuando estoy trabajando, el tiempo parece transcurrir más rápido de lo normal. A veces se siente como un parpadeo, pues cuando miras el reloj ¡han pasado tres o cuatro horas! Siempre que termino preparo mi comida casera, me gusta el arroz con pollo, verduras y agua simple. No soy alguien que pida una pizza para la comida y la acompañe con papas y refresco. ¡Para nada! Quizá se me antojen, pero prefiero evitarlas. Rápidamente me preparo para volver a clases. Me gusta platicar un rato con mis amigos y disfrutar un poco la tarde.

Finalmente, cuando regreso hago un poco de ejercicio y termino todo tipo de pendientes que tenga ese día. De hecho, no veo películas, series o TikTok hasta haber terminado todo lo agendado.

No soy alguien a quien le encanten las rutinas exhaustivas de gimnasio para ponerse mega mamado, ja, ja, ja, sino que opto por la calistenia, que es una serie de ejercicios que tonifican tus músculos, les da fortaleza y quema calorías, y puedo hacerlo en casa. Cuando vivía en la casa de mi madre, sacaba a pasear a Ares, nuestro perro pastor alemán, lo que también me servía de ejercicio y para despejarme, aunque no lo hacía diario, ya que a cada miembro de la casa le tocaba hacerlo siguiendo un calendario.

Cuando termino de ejercitarme tomo un baño y entonces me pongo cómodo para lo siguiente, que generalmente es descansar viendo una serie, o bien terminar con algún pendiente del canal. Al final mi cena es ligera, leo dos capítulos de algún libro y me acuesto a dormir.

Como te comenté, *crack,* de lunes a viernes mi rutina es muy estructurada y me demanda estar muy bien organizado. No puedo darme el lujo ni de salir con amigos, por más que quisiera y, si acaso puedo escaparme un día, generalmente es solo a cenar unas horas por la noche.

Sin embargo, en cuanto llega el fin de semana, Rodrigo se convierte en Papi RoRo ¡y comienza la diversión! Desde el viernes por la noche hasta el domingo esos días ya son completamente para mí (bueno ahora en sábado estoy escribiendo este libro ja, ja...)

Para empezar, he de decir que soy muy fiestero, me encanta salir a las reuniones y disfrutar el ambiente, el antro, la música, la diversión y, por supuesto, el conocer nuevas chicas.

En esto soy muy diferente a muchos *youtubers*, que son muy reservados y tranquilos o que no son muy abiertos. Me encanta socializar y, aunque no conozca a nadie en la fiesta a la que acudo, inmediatamente hago nuevos amigos y saco buena plática. Y en esto me ha ayudado mi actividad en el canal, por dos motivos: primero, porque la pena ya se me ha quitado, y, segundo, porque cuando me presentan con alguien siempre existe ya el antecedente de que soy alguien conocido y eso me ayuda bastante a romper el hielo.

Cuando invito a una chica a salir procuro que ambos nos la pasemos muy bien, ya sea ir a un lugar increíble, a

patinar, a cenar o simplemente a tomar un café. Siempre he logrado adaptarme a las situaciones y acoplarme a todos los ambientes; y algo que procuro mucho es no acaparar la conversación hablando solo de mí, de mi PC *gamer* o de los videos que hago, sino que hablo desde quien soy: Rodrigo, con mis metas, ilusiones, alegrías, desafíos y anhelos, y me enfoco en conocerla y en saber cómo piensa y cuáles son sus intereses. En este sentido, ligar no ha sido para mí un problema.

En cuanto a las relaciones con chicas, algo muy curioso es que tengo mucha habilidad para ligar, pero no para tener una relación de largo plazo con una novia; el lado bueno es que puedo concentrarme, divertirme y salir sin compromiso. Las chicas que he conocido son muy agradables, pero para el futuro quiero a alguien que sea igual o mejor que yo, es decir, que me impulse, me motive y me haga ser mejor persona, por lo cual estoy consciente de que ya llegará el momento de vivir en pareja. Y por eso a mis *cracks* les recomiendo que en este aspecto estén tranquilos y dejen las cosas fluir porque, cuando menos se lo esperen, encontrarán a la persona adecuada. Y es que conozco a muchos adolescentes que comienzan relaciones de noviazgo simplemente por decir que las tienen, por no estar solos o por presión de sus amigos, entonces todos los fines de semana tienen que pasarlos con esa persona, aunque en realidad no quieran. Viven esa rutina de ir al cine, darse vueltas por una plaza o simplemente a mirarse porque no tienen algo mejor que hacer.

Por esto, *cracks,* les repito que es mejor que dejen fluir las situaciones y no las presionen. Todo llegará en su debido momento, incluida la intimidad con esx chicx ideal que anhelan.

Por otra parte, seguramente te preguntarás cómo puedo tener amigos si todo el día me la paso en mi estudio-recámara. ¡Ah, muy sencillo! Tengo mis amigos desde la escuela; si bien solo estuve año y medio en la prepa escolarizada, y el resto lo hice en otra prepa que no era presencial, tuve la fortuna de que mis amigos me integraran a su grupo de fiestas y relajo. Incluso cuando ellos terminaron el ciclo escolar, me invitaron a su viaje de graduación a Cancún. Para mí esa semana fue espectacular, con risas, fiestas, antro y locura y media que se nos ocurrió (o sea, echamos un buen de desmadre), y esos son los amigos con los que me reúno el fin de semana a festejar. También mis nuevos amigos de la universidad no se quedan atrás, ya que en tan pocos meses se han convertido en personas geniales en mi vida.

En este sentido, nunca me cierro a conocer nuevas personas y puedo distinguir la relación que tenemos. Hay amigos con los que me gusta salir a fiestear y otros con los que puedo platicar cuando tengo un problema o cuando estoy planeando el futuro. Por ejemplo, con mis cuates Marmota, RoMax y Philip puedo hablar de todos los temas de YouTube y me entienden perfectamente, ya que estamos en la misma sintonía, e incluso pueden aconsejarme y darme ideas (aunque también salieron buenos para la fiesta, ja, ja). Al principio nuestra relación era solamente de trabajo, pero poco a poco los lazos se afianzaron, al grado que la Marmota me invitó a unas vacaciones familiares en Acapulco, lo cual valoré muchísimo.

A nivel familiar, me encanta reunirme con mi familia para comer, platicar, ver una película, jugar con Ares y ponernos al día, y tengo la ilusión de que esto continúe toda la vida.

Como mis padres están separados, procuramos pasar Navidades y Fin de Año de manera alternada; es decir, un año con mi papá y otro con mi mamá.

A mi mamá procuro verla una vez a la semana, desde que me mudé solo y, en el caso de mi papá varía bastante. Por ejemplo, cuando él estaba en Querétaro, lo veía los fines de semana; luego, cuando estuvo en la Ciudad de México, lo veía dos veces al mes y, finalmente, desde que está en la Riviera Maya, depende mucho de su agenda. Una temporada la pasé viviendo con él en Tulum, aunque no fue muy larga porque no existieron las condiciones técnicas para poder hacer mi actividad de *youtuber* desde ahí. Sin embargo, cuando nos vemos, me encanta ir a nuestro restaurante favorito a comer y tomar una cerveza para platicar toda la tarde. Admiro mucho a mi papá porque nunca se rinde por más adversas que puedan ser las circunstancias, por tener a la familia en las mejores condiciones y porque siempre encuentra soluciones a los problemas.

De mi mamá, a quien amo muchísimo, he aprendido lo que es el verdadero amor y la lealtad. Y su lealtad es tanto con su familia, sus mascotas y con todo lo que la rodea, por lo cual jamás tendría miedo de confiarle algo.

Recuerdo dos ocasiones en que mi mamá me apoyó muchísimo. La primera fue una vez en la cual yo estaba a punto de tirar la toalla. Había tenido un día agotador y estresante, en el cual las cosas no habían salido como yo quería, pues había perdido unos videos, mucho del trabajo de edición que hice no servía y, para colmo, le había ido muy mal a los videos que había subido unos días antes. Bajé a la cocina para tomar agua y mi mamá estaba ahí. Me vio muy cansado, desmotivado

y triste, y me brindó su hombro para consolarme y me dijo las palabras que necesitaba escuchar. Me dijo que descansara, que todo mejoraría con la salida del sol, pues mañana sería un nuevo día. Sus palabras me tranquilizaron y me hicieron sentir muy bien. Y ese es su gran don. Quizá no entendía mucho de lo que yo hacía, en cuanto a edición, análisis de algoritmos, horarios de publicación y esas cosas, pero sí sabía que yo tenía la capacidad de resolver desafíos y así me lo hizo saber: me escuchó y me animó cuando más lo necesitaba.

37:30 / 45:00

Recuerdo otra ocasión en que me apoyó. Bueno, en realidad esa vez dio la cara por mí cuando generé un problemón.

Todo sucedió cuando tenía catorce años y estaba en compañía de mi amigo Capitán Troll (sí, el mismo con el que hice el video del baile por el cual nos llevaron a ambos a la dirección de la escuela, ja, ja). Como mi canal de YouTube no tenía ni pies ni cabeza, entonces subía cualquier contenido que se me ocurría; aquel día no tenía una propuesta pensada, entonces a ambos se nos ocurrió hacer alguna broma y subirla, por lo cual nos propusimos hacer "tin, tin, corre" en las casas de los vecinos. Es decir, tocaríamos el timbre, nos esconderíamos y grabaríamos sus reacciones al salir a la calle y darse cuenta de que no había nadie.

De manera que lo hicimos. Salimos a la calle, Tocábamos timbres y nos echábamos a correr para grabar con el celular. Lo cierto es que aquello no dio mucho material, pues casi ningún vecino salió, y los

pocos que lo hicieron no reaccionaron con mucho chiste, así que la broma no funcionó muy bien. Sin embargo, en lugar de dejar las cosas así, se nos ocurrió elevar la apuesta y hacer una broma más pesada. Queríamos proyectar adrenalina. Así que lo que se nos ocurrió fue bajar las pastillas de electricidad de las casas, para que los vecinos se quedaran sin luz y salieran a ver qué había pasado. Rápidamente corrimos por la calle, dejamos sin electricidad como a treinta casas y nos escondimos, pero de nuevo casi nadie salió. ¡Los vecinos pensaban que se trataba de un corte momentáneo de la corriente! Así que la broma tampoco funcionó.

Ambos ya habíamos regresado a mi casa y estábamos sentados frente al televisor cuando escuchamos que se estaba armando un alboroto en la puerta de mi casa. Mi mamá salió a abrir y, uno a uno, comenzaron a llegar los vecinos a reclamarle. Nosotros nos asustamos y nos preguntamos cómo los vecinos podían haberse dado cuenta. Pues ocurre que, como vivía en una privada, toda la zona estaba vigilada por cámaras de seguridad. Entonces un vecino fue a la caseta del vigilante y ambos revisaron las grabaciones, donde vieron que Capitán Troll y yo estábamos haciendo la travesura, y también cuando regresamos a mi casa a escondernos.

El problema fue que las personas dependían de la electricidad ya fuera para su trabajo, para hacer la comida y otros asuntos importantísimos. Una señora incluso tuvo que ir rápidamente a una cafetería para enviar un correo electrónico urgente, y así, muchos casos.

Recuerdo que mi mamá tuvo que calmar como a 15 vecinos que le reclamaban muy enojados, mientras

Capitán Troll y yo nos moríamos de miedo. Ella estaba dando la cara por nosotros, pues la broma se había salido de control.

Finalmente, cuando el último vecino se fue, mi mamá nos llamó para darnos la regañiza de nuestra vida. El castigo fue tan severo que incluso mi mamá le prohibió a Capitán Troll volver a verme, por todo lo que había ocurrido, dijo que "juntos éramos como un fósforo y dinamita". Y por eso, si estás leyendo esto, amigo Capitán Troll, fue que nuestra amistad terminó. Pero siempre recuerdo aquellas épocas chidas que vivimos juntos.

Y lo peor fue que las consecuencias de esta situación parecía que nunca iban a terminar, pues todavía como una semana después, una vecina que había salido de viaje encontró que toda su comida en el refrigerador estaba bien podrida, porque no había electricidad, de manera que los vecinos le chismearon la situación y también fue a reclamarnos. Pero afortunadamente mi mamá volvió a dar la cara por mí. Sin embargo, sí me hizo notar que todos los actos tienen una repercusión. Existen las consecuencias.

45:00 / 45:00

De mi hermana mayor admiro muchísimo su inteligencia; ella está estudiando Medicina y por su increíble capacidad tiene un 90% de beca en la universidad, y siempre ha obtenido unos promedios extraordinarios, así como reconocimientos por sus logros académicos. Es súper estructurada y no falla nunca en su rutina de ejercicio, además guapísima la doctora.

¡Y qué decir de mi hermana menor!; la niña más linda, especial y divertida del mundo. Ella destaca mucho de las demás, porque siempre da la impresión de que tuviera cinco años más en madurez. Una de sus grandes cualidades es que hace que la familia siempre esté en buenos términos y logra unirnos porque se lleva bien con todos, y nos da mucho amor.

Por otra parte, siempre he procurado rodearme de gente de bien, con quienes tenga algo en común para acudir a un buen lugar donde se pueda comer rico y echarnos una chela para conversar horas interminables. Por ejemplo, recuerdo muchísimo el verano del 2022 cuando mis amigos *youtubers* Marmota, Romax y Philip estuvieron junto conmigo en una "Casa Gamer" ubicada en Querétaro, que es la ciudad donde vivo; con ellos platicaba todo el día y, por la tarde, los viernes, íbamos a comer y luego a la fiesta a reventarnos. Sin embargo, en otras ocasiones más normales, al llegar el lunes, como si fuéramos robots, a las ocho de la mañana ya estábamos trabajando, por completo organizados y disciplinados, con toda la responsabilidad del mundo.

Respecto de mi futuro, mi meta es concluir mi licenciatura en Administración de Empresas de Entretenimiento. Es una carrera nueva y me emociona mucho. Tiene materias variadísimas que van desde videojuegos y música hasta organización de eventos masivos.

¡Y mi sueño es viajar! Si bien conozco diversos lugares de México, y Centroamérica, terminando la carrera (o antes, ja, ja) quisiera ir a conocer el mundo. Mi anhelo es ser libre económicamente para darme el lujo de ir a esos sitios y disfrutar la vida lo más que se pueda. Por lo pronto, España y Suiza ya

están en mi lista de prioridades. Hasta ahora si te da curiosidad he visitado:

Francia, Holanda y Bélgica en Europa; en Centroamérica Guatemala y Nicaragua; y un poquito más arriba en Norteamérica, Estados Unidos.

Respecto de la ropa, me gusta que combine y se me vea muy bien, pero no soy de marcas caras, ni de artículos ostentosos. De hecho, es muy posible que me veas con unos *jeans* cómodos y una playera padrísima mientras disfruto unas alitas en el restaurante "La Marmota", de Querétaro. Ahí tienen un buffet increíble, y me encanta acompañarlas con una cerveza y mis papas a la francesa (no me están patrocinando por decir esto ja, ja). Respecto de la comida soy muy abierto, aunque lo único que no me gusta son los champiñones. En contraste, mi *hit* es el jamón serrano y las papas a la francesa.

Respecto de los autos, tampoco soy muy exigente. Nunca ha sido algo que me llame la atención y, como anécdota, recuerdo que para sacar mi licencia de manejo reprobé tres veces el examen, ja, ja, ja, y aunque no soy amigo de los autos, no he chocado ni una sola vez. Para mí lo importante es que el coche funcione bien, que sus interiores sean agradables, que no dé problemas y que su equipo de audio sea excelente (porque me encanta salir a manejar mientras escucho mi música favorita y siento el viento en el rostro), pero no soy alguien que sueñe con poseer un Lamborghini. Tal vez sí me gustaría un auto eléctrico más adelante, pero eso ya será en el futuro. (Actualización en este tema, quedé en segundo lugar junto con Marmota en un torneo presencial organizado por "Twitch Rivals" de Karts)

La música me encanta en todas sus variedades y la escucho todo el tiempo. Pienso que esta debe adaptarse a las situaciones, y no tú a ella. Por ejemplo, en una cita me encanta el *jazz*, y en una fiesta el reguetón. También soy fan de las canciones ochenteras.

Por otro lado, a nivel personal, además del color amarillo de mi canal, me gustan mucho los tonos en negro y blanco. De hecho, mis muebles, mis accesorios y mi ropa son de estos colores con tendencia minimalista.

Desde que cumplí dieciocho años recibí el permiso de tatuarme y de hacerme una perforación. De hecho, tengo tres tatuajes. El primero es uno muy pequeño que me hice en conjunto con mis hermanas; es un tatuaje que representa nuestra hermandad.

El segundo lo tengo en el brazo. Está en alfabeto griego y representa la palabra *ataraxia*, que significa fluir ante las situaciones, así como tranquilidad total y ausencia de temor y de deseo.

El tercero lo tengo en la espalda y está en latín. Tengo tatuadas las palabras *memento mori*, que significa "recuerda que morirás". Cuando veo este tatuaje me acuerdo de que solo hay una vida y que hay que disfrutarla al máximo; es decir, si quiero lograr algo es momento de poner manos a la obra, pues no quiero perder la oportunidad de hacer las cosas y después arrepentirme.

Finalmente, respecto del dinero, creo que es un aliado increíble y nunca lo voy a escatimar en experiencias chidas, en conocer países espectaculares, en comer rico y en tener la actitud de aprendizaje permanente. Por ejemplo, una tarde de agosto estaba platicando con

mi amigo Max, en "La Marmota". Mientras estábamos comiendo unas alitas me preguntó a quemarropa: "¿Oye, y la fama te ha cambiado?".

Me puse a pensar un momento y le respondí: "Mira, güey, claro que la fama me ha cambiado y muchísimo, pero para un buen de cosas chidas. Antes era tímido y me daba pena dirigirme a las personas, y ahora no. Antes no sabía lo que era ser responsable de conseguir tus propios resultados, y ahora sí. Pero sí sé de mucha gente que en cuanto las cosas les comienzan a ir bien, se vuelven personas creídas y mamonas, pero en mi caso creo que me ha cambiado para bien. Y entiendo que hay personas envidiosas que critican a los demás cuando tienen éxito. Quizá les dicen que 'ya se les subió', pero es una forma de ocultar su propia insatisfacción.

Para que me entiendas mejor, imagínate que estamos frente a la playa con nuestra tabla de surf, esperando la ola, y en lo que llega estamos conversando. Sin embargo, cuando es momento de actuar, aunque estemos platicando chido, yo voy a ir corriendo a subirme a la ola. No podría quedarme sentado viendo que esta se aleja. A muchos se les pasa la oportunidad y luego se enojan con los que pudieron montarla, y los critican por obtener resultados que ellos ni siquiera buscaron.

"En mi caso, he tenido resultados muy buenos, pero siempre he tenido los pies bien plantados en la tierra. Tener acceso a recursos, como dinero, es muy importante, pero saber quién eres cuando no lo tienes, lo es todavía más."

Hace poco leía un libro de Malcolm Gladwell, en el cual habla de la "Regla de las diez mil horas". Es muy interesante porque este autor nos dice que cuando realizas algo por más de diez mil horas, entonces de verdad te conviertes en un experto, ya sea en producir videos para YouTube, hacer directos en Twitch, nadar, cocinar o hasta jugar al Fortnite, ja, ja, ja.

A lo que quiero llegar con todo esto es que entiendo que no soy el más *top* en YouTube, ni siquiera soy el *youtuber* más pro de mi país, pero si llevo haciendo esto por más de diez mil horas, te aseguro que algo puedes aprender de este libro.

Para concluir, quisiera decir que todavía tengo mucho por aprender y objetivos por cumplir. Y estoy consciente que hay un precio a pagar cuando vas tras tus sueños; sin embargo, también sé que se paga un precio todavía más alto cuando no haces nada y te quedas simplemente sentado en el mismo lugar, esperando que las cosas cambien por sí solas, sin ningún esfuerzo.

CARTAS DE
PAPÁ Y
MAMÁ

"Papá, ya sé que quiero: ¡Voy a ser YOUTUBER"!
— Me dijo con seguridad y fortaleza mi hijo Rodrigo a sus trece años. Era el 2015, y si bien, yo había visto algo del tema, estaba muy lejos de saber o conocer lo que esto implicaba.

Le pregunté: "Ah, ¿sí?, y ¿de qué?". "De *Gamer*" — Me contestó.

"Ok... pero te la pasas jugando en la consola, ¿no es lo mismo?

"No pá, no es lo mismo. Voy a subir a YOUTUBE mis juegos y jugadas. La gente va a ver mis videos y yo tendré dinero y haré lo que me gusta" — me dijo Rodrigo.

Ser papá de tres hijos (dos niñas y un niño) no es fácil, como cualquier papá o mamá que esté leyendo esto sabe. Queremos lo mejor, pero también queremos que se vean por sí mismos y que se conviertan en personas que aporten al mundo cuando crezcan. Entonces, ¿qué hacer con este tema de los "YOUTUBERS"?

Obviamente mis primeros cuestionamientos fueron, ¿cómo genera dinero eso?, ¿será algo que le aporte en su desarrollo?, ¿cómo balancear los otros aspectos de su vida como estudios, ejercicio, familia, etc.? y ¿cómo le explico que esto es casi imposible de lograr? ¡Ojo!, yo llevaba tres años con un canal de una empresa y tenía la fabulosa cantidad de 96 seguidores.

Le contesté que lo iba a pensar y analizar y que en unos días tendría la respuesta. Lo primero que me vino a la mente en los siguientes días fue una especie de intuición de que él podría intentarlo. No se perdía nada, siempre y cuando hubiera reglas claras para atender lo demás. Lo segundo fue, ¿cómo le ayudo si no se nada? y ¿con qué dinero?

Platiqué con su mamá, que tenía los mismos y otros temores, pero decidimos apoyarlo. Después de tres años de arduo trabajo, poco crecimiento y "cero" resultados económicos, un día lo logró. Comenzó a ganar sus primeros pesos. Fue todo un rollo cobrar (además era menor de edad), pero lo logramos. Ahí me di cuenta de que quizás esto podría funcionar.

Siete años después, es clara la historia. Pero al inicio, por supuesto no lo era.

Papá, mamá que lees este libro y te preguntas algo parecido a lo que yo me cuestioné. Desde mi punto de vista son tres cosas específicas que hice (aunque en su momento no lo tenía tan claro) pero te doy el resumen final.

1. Demostrar con hechos que realmente lo quería hacer y que iba a luchar por eso. No lo apoyé en un principio con dinero ni con solucionarle problemas iniciales de aprendizaje. Fue hasta que llegó ya con el canal creado, sus cuentas de correo y un pequeño plan de lo que iba a hacer que le dije: "Ok, Ro, tú trabaja y consigue la mitad del dinero que necesitas para algo (por ejemplo, la capturadora de video) y yo te presto para la otra mitad. Me lo pagas cuando ganes dinero. Y así lo hizo. Lavó autos, paseó perros y vendió paletas hasta conseguir los primeros $1,500 pesos. De ahí, pensé que quizás sí era algo que quería hacer.

2. Hacer un reglamento de balance de vida. Aunque suena difícil, son cosas muy sencillas: No se podía usar la computadora y el Xbox durante el día al menos que las calificaciones estuvieran en un nivel aceptable, que hiciera las tareas de la casa que le correspondían y que tuviera algún deporte o ejercicio. También lo cumplió.

3. Que el contenido del canal fuera adecuado para su edad, que tuviera algo de valor (entretenimiento sano) y que aportara algo en el crecimiento de las personas que lo vieran. Yo le revisaba el contenido de todos sus videos antes de que los subiera, etc.

Además, estoy convencido de que al trabajar en este tema, se desarrollan habilidades que es difícil considerar, como: habilidad de hablar en público, capacidad de organización de proyectos, administración financiera, edición de video y audio, diseño y curación de contenido, manejo de la frustración, negociación y mercadotecnia digital. Habilidades que, hoy en día son trascendentales para el desarrollo profesional de las personas.

Al final, gracias a su trabajo, algunas ideas que le di y sobre todo a una mentalidad disciplinada y de NO rendirse es que ahora ya consiguió el inicio de lo que estoy seguro será una carrera profesional exitosa, pero sobre todo una persona plena, feliz y satisfecha al aplicar su pasión en su vida.

Les deseo el mejor de los éxitos,

Sinceramente

Luis F Gonzalez Aspuru

Cuando Rodrigo comenzó con su afición a los videojuegos yo solo quería que no se excediera del tiempo que tenía permiso. Este era un tema de conversación entre muchas mamás a mi alrededor, nos preocupaba que nuestros hijos pasaran demasiado tiempo ante el monitor y descuidaran sus obligaciones escolares o dejaran de jugar al aire libre. Con el crecimiento de su canal, él me ayudó a entender lo importante que era dedicarle más tiempo, ya que tenía que jugar partidas que pudiera convertir en videos, luego editar, publicar y al final conectar con su audiencia. Rodrigo me demostró con su persistencia y su gran determinación lo mucho que quería lograr esto. Es un chavo proactivo y creador de proyectos, siempre desarrollándose y creciendo, algo que admiro mucho de él. Entendí que era vital que abriera mi mente para apreciar lo que Rodrigo estaba haciendo y cómo, con todo esto, estaba desarrollando habilidades, destrezas y talento en su persona. Esto era algo que a él lo apasionaba, por eso, decidí apoyarlo en lo que necesitara. El trabajo de Rodrigo, su disciplina, sus logros, así como sus caídas y su manera de levantarse, me dejaron ver con mucha claridad cómo estaba formando su carácter. Como anécdota, cuando Rodrigo era más chico, recuerdo haberle dicho que, si se topaba con alguno de sus seguidores en la calle, que siempre ofreciera una sonrisa y un trato amable. También le compartí lo importante de cuidar su lenguaje tanto afuera, como dentro del canal. Que se distinguiera por su contenido creativo, una comunidad con sana competencia, divertida y amigable, pues considero que son importantes cualidades para liderar. Querido hijo estoy muy orgullosa de ti, no solo por todo lo que has logrado, sino por la estupenda persona que eres. Me hace muy feliz verte feliz. Nunca dejes de soñar, porque lo haces muy bien.

Te amo, Mamá.

Marisa Garcia Peña Bruyel

#RoTrex #epicpartner #codigorotr3xyt

R @RoTrexOficial
1,15 M de suscriptores

B @Blend

La forma en la que expresas el mundo "YouTuber" es tal cual, hacer videos es más allá de lo que parece, es mucha madurez, creatividad, y tener piel de piedra para soportar y resistir malos comentarios y malas rachas, pero también tienes de las mejores experiencias.

Felicidades, Ro Ro Rotrex!

2310 Responder

G @Giova

"El Primer Secreto que revela Rotrex para darle turbo al canal, es el más importante y con el que más me identifico en mi carrera como Youtuber. 100% Acertado". Excelente libro

989 Responder

C @C3jo

"El libro va directo al grano, muestra la realidad de lo que es subir videos en YouTube. Rotrex es un gran amigo, lo conocerás más que como youtuber, como una persona. Grande, IYourGamerMom."

678 Responder

J @JorgeIsaac115

Me ha encantado el libro, mi parte favorita es la sección de escuchar a tu audiencia. Generalmente los mejores videos que obtienen las mayores vistas son aquellos que nuestros seguidores nos han pedido, ya sea por redes sociales o por comentarios en los streams. ¡Cuando varios seguidores piden lo mismo es porque hay más gente detrás queriendo ver ese video, y es ahí cuando consigues un video divertido y con muchas vistas!

¡Felicidades Rotrex por este libro! Sabes que te quiero mucho hermano y me llenas de orgullo :D

1454 Responder

J @Epic Games - Pato

Siempre tenemos que aprender de las malas rachas. En la vida puedes estar en tu mejor momento y también en el peor, de un día para otro. Lo importante es saber vivir y aprender de cuando las cosas no están saliendo como uno quiere.

Tarde o temprano YouTube te enseña que puedes tener un subidón que te hace sentir sobre las nubes y al otro día tus videos no son compartidos por ningún rincón de la plataforma. Siempre levanta la cara y se constante, momentos como este es donde muchos tiran la toalla y aquí es donde más tienes que esforzarte y salir adelante, no te preocupes por los números, subirán y volverás a estar en la cima.

Nunca dejes de soñar.

1786 Responder

RoTrex: rompe el internet con tus videos
se terminó de imprimir en marzo de 2023
en los talleres de Impresora Tauro, S.A. de C.V.
Av. Año de Juárez 343, col. Granjas San Antonio, Ciudad de México